強い自分をつくる
逆転の発想法

齋藤 孝
Saito Takashi

KKロングセラーズ

まえがき

今こそ、逆風に負けない心身の強さを鍛えるべきとき

今現在、状況的にも気持ち的にも何かに押し込められていて、実力を発揮しにくい人は多くいるでしょう。それは、決してあなた一人だけの責任ではありません。

日本の社会全体が、チャンスを持てず、チャンスを作れない状況にあるからです。

一生安心して暮らしていけるだけの経済力や、安定した働き方ができる評価軸を、社会が持てていないことが背景にあるのです。

ですが、そんな社会を憂うだけでは解決になりません。

一方的に批判するだけでも、事態は好転しません。

だから、現在のような逆風時代を生き抜くための、メンタリティを身につける必要があります。

昔は、ある程度社会的な身分が固定化されていました。仕事は年功序列・終身雇用で守

られていて、結婚はお見合いで十分可能でした。今はそうではありません。

選択肢が増え自由度は上がりましたが、何の保証もなく流動化しているのが現実です。

社会が流動化したということは、以前よりも心を上手に保つ技術を持たない限り、どんな人でも不安感や不全感に襲われる危険性があるということになります。

大切なのは、その危険性を理解して臨むことです。

そして、自分自身で心のメンテナンスをすることです。

そのためには、成功体験を過大評価するくらいの自画自賛をして心のエネルギーを貯め込むことです。何が正解かは、時代によって、関係性によって、すべて相対化されていきます。正解がないからこそ、過大評価も許されるのです。

私は、東大法学部を出てから教育学を研究するために東大の大学院に進みました。

それまでも、いくつか挫折は経てきたつもりでしたが、大学院時代に大きな挫折を経験しました。オーバードクターで前期と後期合わせて八年間在籍し、三〇歳を越えても学生でした。その上、結婚して子供が二人いたにも関わらず無職でした。

長い間チャンスに恵まれず、やりたいことはあるのにそれを押し込められる逆風の時代です。私の場合は、時代性というより個人的な要因も影響しましたが、とにかく逆風時代にはひたすらエネルギーを貯め込んでいました。

いつの日か、自分を押さえ込んでいる蓋が開いて、そこから脱出する自分をイメージしつつ期待し、絶対にやってやるというモチベーションに変えていきました。

今の人たちを見ていると、自信が持てないためか時代のせいか、自分のエネルギーの見積もりが低すぎると感じます。

こんな逆風の時代だからこそ、それをバネにエネルギーを増やすときなのです。

そして、そのエネルギーによって自信をつけ、メンタリティを強化していくのです。

日本という国自体が、世界的な逆風に吹かれている今、私たち一人一人も無防備なままではいられません。

今、苦悩を抱えて、そこから抜け出すことができずに、悶々としている人が多くいることでしょう。しかし、逆風こそチャンスだと、とらえることができれば、やがて転機が訪れると思います。

私自身もそういったメンタリティで、一例とする「三〇歳・無職・子どもあり」の苦悩から抜け出すことができました。

本書は、私がエネルギーを培ってきたこれまでの技術を項目に分けて挙げています。標語と言ってもいいかも知れませんので、覚えやすくなっています。

今、逆風に負けない身体、メンタリティの強さを鍛えるべきときが来ています。

contents

目次

強い自分をつくる逆転の発想法

第二章　逆転の発想で乗り越える

第三章　自分のエネルギーを循環させる

contents

第一章
Chapter 1

目標を設定して迷いをなくす

欲を出したらやるしかない

私はもともと、実力で勝ち負けが決まるスポーツの世界に憧れを持っていました。

でも、スポーツ以外の世界では、往々にして学歴で判断されてしまうことがあります。

だから、高校二年生の時点で受験する大学を決めるときにまず考えたのは、やりたい仕事をするにあたって、学歴で差別を受けたくないということでした。

スポーツでは、あの大学を出たから勝つとか負けるということがありません。

でも、実社会では可能性として学歴差別がありえます。学歴というのは、後から付けようと思ってもなかなか付けられるものではありません。そうなると、偏差値の高い大学に行くことを選択するわけで、東大とか京大を目標にしました。単純といえば単純です。

目指す大学はそれでよかったのですが、問題は学部です。

私は、何か物事を決めるときには、必ず根拠が必要という考え方なので、職業を決めないと学部が決められないという思考に入り込みました。

高校二年なので、職業は暫定的で学部だけを決めれば良かったのかもしれませんが、やたらと原理的なところがあったため、目指す職業が決まらない限り学部が決められないと考えていたのです。

当時から文学が好きでしたが、学者タイプではないと思っていたので、文学の学者や研究者にはならないだろうと思っていました。むしろ、実社会で会社を経営したり、マネジメントをしたりという方が向いていると思っていました。

仕事をする以前に、人間としての理想的なあり方を考えたときに、自分は価値のある人間であるということ、価値のある人間として価値のある仕事をしていきたいという思いに至りました。では、価値のある仕事とは何かというところで、消去法で様々な職業を検討していった結果、裁判官という仕事にしぼられました。

裁判官の仕事は、司法においての最終的な判断をすることです。その職責に価値の高さを感じていました。

実は、今になって思うと、裁判官よりも弁護士の方が性格的には向いていたと思います。

でも当時は、最終的な判断が下せる職業として裁判官を見ていたので、弁護士は選択肢からこぼれおちてしまったのです。

当時、家永三郎さんの教科書裁判などがあって、その審判によっては日本の歴史教育のあり方が左右される、世の中の価値観や流れが変わっていく、そんな機運がありました。裁判官は、世の中を動かしていく仕事である、世の中を良い方向に導いていくことができると思っていました。

当時私は、自分が幸せになるかどうか、お金を儲けるかどうかについてはほとんど考えが及びませんでした。

世界的に時代的に見て、日本は幸せの基本条件がすでに達成されている国であると思っていましたし、お金に困るということも想定しておらず、儲けようと思えばいつでも儲けられるものというふうに安易に考えていました。

実は、後々になって職もなくお金もなく、生活に困ることになろうとは、考えもしませんでしたが。**幸せになるか否かよりも、世のため人のためになる仕事がしたい、そのこ**

とで自己実現したい、そういう場所が欲しいという思いでいました。本当に価値のある仕事ができればそれでいいという、幕末の志士のようなメンタリティです。

裁判官については、最高裁を想定していました。

地裁や家裁では、高裁で退けられることもあります。高裁では最高裁で否定されることもある。自分の判断で世の中を動かしていくためには、最高裁しかなかったのです。では、最高裁に進むためにはと思い、最高裁の裁判官について調べてみると、東大法学部の出身者が多かったのです。そうしたら、自分の行くべき大学は東大法学部しかない、受験すべきは東大文Ⅰであるという論理的帰結になるわけです。

そこで文Ⅰの試験科目を見たのですが、運動ばかりをやってきた静岡の高校二年生にとっては、いったいどうなってるんだっていうくらい距離があることがわかりました。

どうしたって受かりっこない。でも、東大文Ⅰに行きたいというのは、他の誰に勧められたことでもなく、強制されたことでもない。紛れもなく、自分で決めたことなのです。

なんとなくいいからと決めたのではなく、考えて考えて考え抜いて決めた結論なのです。

価値のある仕事に就いて、価値のある仕事をしたいという理想はもちろんですが、実はここには「欲」もからんでいます。人の下にいたくはない、学歴で威張られたくはない、バカにされたくないという「欲」です。

こんな試験で何がわかるんだとか、本当の学力が測れるのかとか、そもそも受験という制度は正しいのかなど、いろいろ言いたいことがあったとしても、自分には理想と同時に欲もあるから、それを満たすためにはやるしかない。

やりたくないこと、やる気が出ないことでも、自分の欲を自覚して、それを満たすためならしょうがないという気持ちになるのです。

欲がエネルギー化するというのは、大きな転機になりました。

本当の願望から出発する

何をするにも、「何のためにするのか」という大本から考えるところがあって、勉強にしても「人生はいかに生くべきか」を考え続けないと意欲がわきませんでした。

普通は、そんなことはそれなりに整理して、あるいは横に置いて、受験で点数を取るためにはこの勉強をして、と割り切ってとりかかるのかもしれませんが、意味を考えずにただ何となく勉強をしたり、特に目的もなくいい大学に入りたいから勉強するというのは、愚かな人間のやることだと思っていました。

元々が、勤勉なタイプではありません。どちらかというと、楽して結果が得たい、要領で何とかなるという、安きに流れるタイプです。

ことスポーツなら、好きなのでできるのですが、勉強はそうはいかない。**苦手なことだからこそ、「何のために」「なぜやるか」という土台を作っておかなくてはできないのです。**

つまり、基礎工事をしっかりやってから家を建てるということ。その基礎工事が、私にとっては「いかに生くべきか」でした。

ですが、「いかに生くべきか」を考えることは、受験勉強に摩擦を起こします。摩擦熱が起きるとエネルギーが消耗し力が分散されてしまうのですが、人生の原理を考えるというのは、長い目で見るとブレが少ないと思います。

当時は、明治時代の旧制高校に憧れていました。教養主義で哲学を重んじる、明治のエリートたちの生き方に憧れていましたので、ゲーテや西田幾多郎、倉田百三などを読んでいました。倉田百三の言葉に「まず願望から出発せよ」というのがあって、大きな影響を受けました。

人生とは何か、いかに生くべきかを追い求めていた私にとって、何をなすべきかではなく、自分がやりたいと思う願望から出発するべきだという考え方は、ストレートに響いてきました。人生論が好きで、人生を語りたくてしょうがない私は、哲学書に線を引きながら読むことでその欲求を満たしていたのです。

いざ大学に入り、いよいよ裁判官になるためのスタートだと思っていたのですが、実際はそんなにスムーズにはいきませんでした。裁判官になるには司法試験に合格しなければならない。ようやく受験勉強が終わったと思ったところに、また受験勉強が待っているという現実。

またかと思いながらも時間的にはまだ猶予がありますし、なかなか現実感が伴わずモチベーションがあがりません。

実は、裁判官になるという目標自体も、いま一つ自分にフィットしていなかったことに気づきました。**そのときは考えに考え抜いて決めたことではありましたが、そもそも裁判官を目指したのは価値のある仕事だからという理由でした。**

つまり「願望からの出発」ではなかったのです。

裁判官という仕事をやってみたいという気持ちはありながら、本当に自分に向いているかという基本的な問いかけをしたとき、必ずしも気質的に向いているとは言えないんじゃないかと思いました。

というのも、裁判官は自分自身を厳しく律していかなくてはなりませんが、私には自分に甘いところがあります。気を緩めた生活をしていたら、裁判官がこんなことしてって言われるのは面倒だなと思い、これはちょっと違うかなと思い始めました。

何かもっと自分らしく自由に羽ばたけるような、自分自身の思想で世に打って出るような仕事がしたい。まだ世の中にない、新たな考えを作り出す思想家になりたいという目標が生まれてきました。

それは、私のイメージでは学者とは違います。学者は、先行研究を十分にした上で、そこに更に積み上げていく仕事。私は、自分なりの思想を打ち出す人間になりたいと思っていたのです。

ただ、そんな仕事は既存の職業として用意されていません。人生の賭けでもあり、道の途中で迷いも生じるでしょう。**ですが、自分の願望から出発したことであればその思いは長持ちするはずです。**考えてみると、世の中を良くしたいという思いは、裁判官のときからブレてはいないのです。

小学校の社会の時間に、日本は資源がない国だから、工夫して物を製造する加工貿易が中心になっているということを教わったことがあります。

高度経済成長で右肩上がりのときはいいけれど、いずれ日本という国に限界が来るのではないか、人間の能力を伸ばす教育のシステムをしっかり作り上げておかなければ、早晩追い抜かれるのではないか。教育立国である以上、産業だけでなく教育にも力を入れる必要があるのではという懸念を持っていました。

影響力があるという点で、ＮＨＫで教育番組を作って世の中に伝えていくということも考えたのですが、それよりも教育の中身を作り上げたいと思いました。自分の教育思想を世の中に訴えたい、そういう気持ちがあったので教育学研究科、学校教育の研究に進むことに決めました。

教育研究の道は、やはり正しかったと思います。何十年経っても続けていけるというのは、やはり願望から出発したおかげです。

一〇年以上続けたら抜きん出る

大学院では、身体技法を実際にやりつつ、体験をベースにした学問を体系化しようと決めました。ですが、そのときから大学院とのズレを感じるようにもなりました。

大学院の修士課程を修了するための修士論文を書くというよりは、新たなオリジナリティの高い思想を作り上げるという気持ちでいたので、なかなか論文を書き始めることができませんでした。ある意味ではものすごい遠回りにもなるのですが、思想を打ち立てるための土台作りにさえ通常の勉強や準備以上の時間がかかります。

そのため、提出期限だからと言われてもまだ土台ができた程度。その上、ようやく書き上げたときにも内容を評価してもらうことができず、在籍期間を延長せざるをえない状態になりました。

私の中では、大学院生というのは学生ではなく、専門研究をする研究者であり仕事であるという考えがありました。そのため、先生の言う通りに研究をして論文を書くというのが、納得できなかったのです。

たとえ先生の指導が正しかったとしても、その関係性を受け付けられませんでした。自分は仕事として研究をしているのに人の指示を受けたくないという、今思えばかなり生意気な考え方ですが、当時は真剣にそう思っていました。

先生には先生の専門があり、その分野では一国一城の主としてのレベルに達していることはわかります。ですが、私がやりたいこととまったく異なる分野のプロであるので、評価されること自体に違和感がありました。まるで、野球選手が水泳選手に指導されているような感覚です。

自分のやりたいことは自分が一番よくわかっているし、自分のレベルも自分でよくわかっているから、好きにやらせて欲しいという気持ちでした。

それでも現実はそうはいかず、修士論文が通らずに時間ばかりが過ぎていくという日々でした。

その頃は、人生の中でもかなり苦しい時期でした。

仕事をしてお金を得ることもできず、かといって学生としても評価されず、全く身動きが取れないのです。どういうふうに自分の人生を設計していけばいいのか、その手がかりすら見つからない。

法学部の同級生たちは、順調に企業や省庁に就職を決めて社会人として働き始めていました。「では、自分も」と言っても、すでにそのタイミングを逸しています。東大法学部を卒業するというエリートコースを歩んでいたはずなのに、自分は何をやっているんだろう。仕事って、人生って、どうすればいいんだったっけというエアポケットに入ってしまいました。

エリートのはずが、気づいたら無産階級です。
収入といえば、塾講師のバイトだけ。職業の見通しが全く立ちませんでした。

世間から評価されないならまだ納得できたのですが、ある一定の狭い世界で評価されないことで足止めをくらっているというのが辛かったのです。ただ、論文の作法がなっていないとか、あまりにも生意気な態度だとか、その点では確かにその通りです。
そうはいっても、当時の私は自力で状況を打開することができません。
結局修士課程に三年、博士課程に五年在籍することになり、終わったときには三〇歳を越えていました。**評価もされず一円にもならないことを八年間続けていたことになります。**

論文も相当数書いたのですが、何一つ実になっていません。

私は、身体論と教育をつなげた新しい教育のあり方を体系化しようとしていて、呼吸や坐禅の研究も続けていました。評価されないどころか理解すらされない日々が続いたのですが、考えてみれば当然です。

そんな研究をしている人が他におらず、私が独自に開発しようとしていたことなのですから、この分野を理解できるのは自分しかいないのが当たり前。

傲慢でもなんでもなく、新たな分野で一〇年以上徹底的にやり続けたら、そうなるのです。今やっていることのレベルがどの程度なのか、どんな意義があるのかは、自分が

一番よく知っているのです。

だから、既存の枠組みで評価されないのは無理もありません。

ただ、現実を見るととても厳しい状態にありました。

東大の法学部を出て大学院に進み、思想家になるためのエリートコースを歩んできたはずなのに、気づいたら身分も収入も後ろ盾もなにもない無風空間に迷い込んでいました。

アルバイトがない月は、文字通り干上がってしまう状態です。

そんなときの心の支えは、自分は未曾有の研究をしており、そのために十分な努力もしている。日本の教育システムに大変革を起こすような存在で、ある意味日本の希望の星だと思っていたこと。

その思いがあったからこそ、乗り越えられたのです。

工夫こそが生きる知恵であり価値である

子供の頃からよく読んでいた本は、ファンタジーや伝記物でした。ファンタジーではフランスのジュール・ヴェルヌが好きで、『十五少年漂流記』などを読みました。単なるファンタジーとは異なり、ＳＦのような要素もあって自分の世界が広がっていく感じがしていました。

伝記物は、自分の生きるスタイルを模索するという意味でよく読んでいて、大人になってからでも不思議と伝記物に手がのびてしまいます。その人の専門分野が何でもかまわないのです。自分の興味がない領域の人であっても、つい買ってしまいます。

ゴッホにしてもスティーブ・ジョブズにしてもそうですが、事を成した人の軌跡には必ず生きるヒントがあります。領域は違っても、人生で戦ってきた人の言葉には学ぶべきことがあります。**一流の人で、人生の真剣勝負をしてこなかった人はいません。勝ったか負けたかという結果よりも、知りたいのはプロセスです。**

例えば負けたとしてもそこで何を感じたか、どうやって立ち上がったか、彼らには生きるための工夫があります。

エジソンにしても、成功よりも失敗の数の方が多いくらいですが、失意の時期にした工夫があるのです。逆境の状態を工夫によって突き抜けていく、場合によっては根性で突き抜けたかもしれない。自分で「大リーグ養成ギブス」のようなものを考え出したのかもしれません。

自分で立てた目標があって、今の実力がそれに追いついていないとき、その距離を埋めるのは「工夫」です。

例えば一冊の本を渡されて、「一五分で全部目を通して、内容を説明してください」と言われたら、普通に読むような方法ではできません。

とりあえず目次の内容を抑えるとか、とりあえずページをめくってキーワードだけ拾っていくとか、ズルに見えたとしても工夫がないとやり遂げられません。

工夫できるということは、付加価値を生み出すことができるということ。工夫してい

る人としていない人は、評価の差が明確に出ます。同じことをするにしても、言われたままのことをするよりは、やり方の工夫がある方がより認められます。

自分を一つの商品として見たときに、工夫を増やすことは自分の商品価値を上げることにつながります。

個人だけでなく、職場でもチームとして業務を工夫することができます。

高度経済成長期にはＱＣ（Quality Control）サークルという形で、企業内の小集団による品質管理や業務改善が行われていました。小学校の班活動にも似ていますが、チームでアイデアを出し合って、業務の簡略化やミスを最小化するための工夫をしていました。

日本人は、根性と工夫の民族です。真面目さも特徴ではありますが、真面目さだけでは勝てません。

象徴的なのは、豊臣秀吉です。日本の歴史を辿っても、出世階段を登った数で言うと秀吉が最多ではないでしょうか。非常にちょこまかした人間で、工夫に工夫を重ねて上り詰めた人です。私は子供の頃から秀吉が好きで、そのパーソナリティにも親近感を持っていました。

資源や国土が限られているからこそ、工夫で国力を伸ばす。伝統的ともいえる「付加価値の生み出し方」を再認識すべきときが来ているのではないでしょうか。

人生は逆算式で考える

夢や目標を持つと人生が充実するというのは、一つの考え方として確かにあります。

ですが、ただ目標があるというだけでは充実しません。目標という未来のために今があると考え、それに向かって努力をすることにこそ、充実があるのです。

目標があるという人たちの中には、なんとなくこうなりたいという思いだけがあって、それを実現するための方法論を考え抜いていない人が多いように感じます。

先のことよりも「今を楽しむ」「今を生きる」、未来のために今を犠牲にするなというメッセージが流布していますが、それを語義通りに信じてなんとなく過ごしているようでは、成功はしません。

目標を持つと同時に、それをゴール、今をスタートとして、辿るルートを逆算式につないでいくということが必要です。今はこうだけど、この時期にはこうなって、この時期までにはこうなっているというふうに、図式化するのもいいでしょう。

随時、今ここにいるけれどそれでいいのかを検証していく。逆算図が描けていると、そのチェックも可能ですし、現状認識ができると加速力もついてきます。

サッカーの名門チーム、イタリアのインテルに移籍した長友選手は、ずっと「世界一のサイドバックになる」と公言していました。彼は明治大学出身なのですが、スポーツ推薦で入学したわけではなかったので、一年生のときはレギュラーではありませんでした。

彼が有名になったのは「太鼓の達人」でした。スタンドで応援しているときに太鼓を叩いていたのですが、それがとてもうまかったそうです。

大学の一、二年では補欠、太鼓ばかり叩いていた選手が、その六年後にインテルに入るというのは、その伸び率を考えると異常なことです。

インテルに決まったとき、ある取材で「今、この位置に自分がいるということに、戸惑いはないですか?」というような質問をされたとき、彼はこう答えています。

「世界一のサイドバックになるという目標を立てて、逆算して努力してきたので、戸惑いはないです」。

目指す位置があって、何年後にここに辿り着くためには、いつまでにどうなっていなければいけない、だから今何を努力するという、逆算式でここまで来た。だから彼にとっては当然といえば当然。戸惑いはないはずです。

実はサッカー選手の中で、香川選手や本田選手も、逆算して行動しているという発言をしていますし、そういう人たちは実際に目標を達成しています。

逆算方式が身に付いていると、努力が苦にならないのです。自分で決めた目標であり、自分で決めた道筋なので、納得感があります。気力も無尽蔵に貯蔵できます。

目標を達成する人たちが、元から卓越した才能があったとは限りません。現に、長友選手は「太鼓の達人」でしたし、香川選手もナンバーワンだった時期はそれほど長くはありません。

逆算式に考えることで、一つ一つの課題がくっきりと見えて、モチベーションが上がり、確実にクリアすることができるのです。このゴールに向かって、このハードルを乗り越えていくという意識の強さが、結果を生むのです。

では、どのようにして逆算式にルートを描いていくか。

これこそまさに「段取り力」。

目標というゴールと現状を結び、その間に置石を置いていくようなイメージです。置石があまり多いと混乱してしまうので、三つくらいにしておくと良いでしょう。

その際最も大切なのは、一番手前の石、つまりはじめの一歩を何にするかということです。ゴールに最も近い石は、ある程度夢見がちなものでも良いでしょうが、一歩目は具体的な内容であり、かつ今の自分に努力を課すようなものである必要があります。

置石の組み換えは、何度してもかまいません。ビジネスのプレゼンテーションではないので、一発で正しいプランを立てる必要はありません。このままでは間に合わなくなる、今はこっちを先にしようなど、その都度組み替えたり入れ替えたりしてもいいのです。

これは、今やるべきことを明確にすること、優先順位をつけることの練習にもなります。時間軸での予定だけを組んだからといって、時が過ぎれば自動的にゴールに辿り着くわけではありません。自分が苦手にしていること、目を背けていることを「やるべきこと」として意識すること。そこに思い切って踏み込むことが必要なのです。

一つ目の置石は、とにかく具体的な作業、緊急性が高く、優先順位が高いこと。

そして二つ目、三つ目は、今の時点で考えられることを設定します。

一つ目を越えたら、またその時点で次以降を検討します。必要に応じて、内容や順番を組み換えていきます。ドラッカーの本にもありますが、やるべきことは三つ挙げるものの、優先順位の一位のものだけをしっかりとやるのです。そしてまた組み換える。

どんな目標でも、どの位置にしても、常に今の自分にとって一番必要なことがわかる力というのは、大切です。

自分で見つけられなければ、それを見つけてくれるコーチを探せばいいのです。はじめから全て自力である必要はありません。経験豊富な人に話を聞いたり、アドバイスをもらえばいいのです。ただし、その人があまりに天才的な人だと危険です。

例えば、数学の勉強法を聞きにいった相手が、「そもそもどうして数学ができないのか理解できない」という人であれば、最適なアドバイスをもらうことは難しいです。

自分自身もいろいろ苦労して工夫した人、人にアドバイスしたり課題を見つけたりするコーチの資質のある人を選びます。そういう人であれば、スパッと課題を指摘してくれたりするものです。ひとつ課題をやってみて、それができたらまた次を聞きにいく。精神論だけでなく、具体的な課題を出してくれるような、信頼できる存在を持つのは、目標達成の加速をつけてくれます。

人生を逆算式で考えるということは、今何をすべきかを見つけることでもあります。未来を考えることは、今をしっかり見据えて、今を生きることにもつながるのです。

世界を視野に入れて仕事をする

「Boys, be ambitious!」は「少年よ、大志を抱け」と訳されますが、今は「大志」といわれてもインパクトがありません。今の時代なら、「若者よ、もっと野心的であれ」という方がしっくりきます。野心を持って、もっと上を狙っていくということ。

野心といっても、猛々しさや強欲さではありません。現状に甘んじることなく、向上心を持ち、やる限りはトップを目指して道を切り開いていくようなイメージです。

サッカーの長友選手が「世界一のサイドバックになる」と公言しているような野心、Ambitiousです。**ここで必要なのは、才能よりもメンタルの強さです。世界一になるというのは、才能があるから言うのではなく、メンタルの強さが言わせるものです。**

長友選手にしても、もともと才能のある選手は、彼以外にもたくさんいたはずです。でも、他の選手ではなく彼がインテルに入ったのは、横並びの才能や技術をメンタルで突破したからです。

ほとんどの競争や勝負は、メンタルで決まります。何としても成し遂げる、どうしてもこうなりたいという思いを持っている人だけが達成していく。

逆に言えば、メンタルの強さがあれば、世界的なレベルに到達できるのです。

世界的なレベルの仕事というのは、非日常的で抽象的に感じられるかもしれませんが、今の時代はすべての人が意識すべきだと思います。実際に世界に出ていくかどうかは別にして、自分の持ち場でその意識を持っているかどうかということです。

例えば学校で世界史を教えている教師だとしたら、教室で授業をしていても世界に発信していないという点では世界的ではない。ですが、実は世界の歴史をいっぺんに教える授業というのは、世界を見渡しても少ないのです。

全世界の国々を公平に、かつ太古の時代から現在までを包括的に扱うレベルの高い授業をしているというのは、世界のトップに立てる可能性があるのです。

自分が当たり前のようにやっていることが、もしかしたら世界のトップになれる可能

性のあることではないか。全部とは言わないまでも、ある部分を切り取って見てみたら、限定的ではあるものの世界一なのではないか。そんな想像力と、「実はひそかに世界一を狙っているんだ」というような野心を持っていて欲しいのです。

今は、才能があって野心のある人たちは、海外で活躍することを望みます。日本は、国益を増すという発想で動いていないために、国全体として才能のある人たちを支援する評価軸や仕組みができていません。

海外では、優秀な人に対する評価が高く、なおかつ支払われる給料も高いために、日本に優秀な人たちが残りにくくなっています。

日本がダメだから海外に出るというのではなく、日本人はここまでできるんだという証明のために海外に出る人が増えれば、日本の社会も経済ももっと変わるはずです。

日本に足場を置いて、外貨を稼いでくる。そんな感覚で世界を視野に入れた野心を持てる人たちこそが、日本を救い、支えるエリートとなるはずです。

ただし、日本ではエリートが育ちにくい環境にあったことも事実です。エリートに対してはリスペクト意識を持つ一方で、ひがみやねたみも同時に持ってしまう。平等意識の表れなのか、エリートを引きずりおろして横並びにしてしまうということがありました。だからこそ、エリートと呼ばれる人たちが海外に流出するという事態が起こったことは否めません。

もちろん、分野によっては海外でなければ活動しにくいものもあります。ですが結果的には、個人の成功は海外で達成され、日本は税金が高いから住居も移してしまい、日本という国の空洞化が進んだのです。

個人の成功はもちろん大事ですが、その前に国がなくなってしまったら元も子もありません。いくら泥船だと思ったとしても、船が沈んでしまったら人も沈むのです。「国家」というと、戦争突入の国家主義的なイメージがあるので、「チーム」と言い換えてもいいと思います。国はチームなのです。

チームという団体戦を戦っていく。そのために、世界的なレベルを意識しつつ実力を向上させていくことができれば、チームは勝利できます。

そのためには、チームをまとめあげて引っ張っていくリーダーシップが必要です。**今の日本には、個人の能力を上げようとする人はいても、リーダーシップを身につけようとする人は少ないです。リーダーシップがある人は貴重な存在であり、他の人との差異化がはかれます。**

サッカー日本代表チームでも、長谷部選手というリーダーがいたことで、戦う気力が統一されました。才能がある人たちが集まっていても、バラバラであればチームとしての力は発揮できません。

リーダーシップというのは、結果的に他の人の能力を上げることにもなるのです。世界を視野に入れ、自分の能力を上げるとともにチーム全体を向上させていく、リーダーシップを持つ人が求められています。

転機は待たずにつかみとる

何をもってして転機と言うか。

私は、人から認められることだと思っています。誰かが認めてくれるとチャンスをつかめるので、認められることは重要です。そのためには、情報収集が欠かせません。必要な情報を、それを持っているところから得ることです。

私が長く続いた無職時代を抜け出したのは、明治大学に就職が決まったときです。友人から明治大学が公募していることを聞き、書類を出しました。これも、普通の友人同士のやりとりではなく、すでに大学に就職が決まった友人たちから常に情報収集をしていた成果です。

どんな情報でもいいわけではありません。目的に合った、必要な情報を収集するためのネットワークを作っておきます。

そして、とにかくアプローチする。結果を予測せずに行動するのです。

私も就職が決まるまでは、数え切れないくらい応募しました。一〇本だめでも一一本目でひっかかるかもしれない。書類も読んでもらえず、そのまま返されてきたこともありますが、審査や結果には相手の事情がからみます。そこは予測してもしょうがないところなので、深く考えずに行動し続けることです。

明治大学の面接のときは、とにかく必死にアピールしました。

自分はここまでこれだけのことをやってきて、ここが勝負だと思っています。**何でもやりますという本気の姿勢をアピールすると、人の心は動きます。本気で求めると、本気で応えてもらえるのです。**

世の中は、人の心でできています。仕事も幸運も、人の心がくれるものです。

人の心を動かすこと、人に認められることが、転機をもたらします。

また、人の紹介も転機になります。紹介は相手の身元がわかるし、人物的な保証があるので、リスクが少ない分強く作用します。

就職してから出版したいと思っていましたが、なかなかチャンスに恵まれませんでした。

たまたま新聞に私の記事が載ったのを、明治大学の後藤総一郎先生という、柳田国男の研究をされていた民俗学の先生がご覧になって、「君の研究はおもしろいね」と声をかけて下さいました。今度筑摩書房の編集者と食事に行くからと、誘って下さったのです。

そこで話をしたら、本を出しましょうという話になり、ちくま新書から『子供たちはなぜキレるのか』を出版しました。それが増刷になって、また次の出版の話が決まり、うまく回転していくようになりました。

後藤先生は、ご自身の損得抜きで私を紹介して下さいました。若い人間にチャンスを与えるということを厭わずにされる方で、私も可能性を広げていただいたと思っています。

『声に出して読みたい日本語』のときも、たまたま取材を受けた新聞のインタビュアーの方が、暗唱というのは面白いので、テキストとして本を作ったらどうですかということで、ご自身が以前勤めていた草思社を紹介してくださったのです。

一つ一つの転機や節目には、紹介してくださった恩人がいます。その紹介がなかったら今の私はありません。

普段から、紹介してもらえるようなコミュニケーションをし、人間関係を作っていくことが大切です。

紹介してもらうには、人から好かれるか、やる気を見せる、このどちらかが必要です。

振り返ってみると、大学院時代の私は、この人だけは絶対に紹介したくないと思われるような振る舞いをしていました。紹介したくない人格というのは、実力以前の問題です。

実力があったとしても、実力というのはチャンスを活かすところでこそ評価されるのです。チャンスを活かし、経験を積むことでこそ実力がつく。

もちろん私の就職が決まったのは、それらの反省があった後です。

転機やチャンスを迎えるとき、一つ注意しなくてはならないのは、最初から条件的な交渉をしないということ。お金は後から増やすことはできます。しかし、仕事をするポジションは、空きが出ない限り得られないのです。

チャンスに関しては、経済的な面よりも経験値を高めることを重んじることです。経

験値を増やすために、むしろ持ち出しするくらいの方が、初速がつきやすくなります。

経験値が高まることで実力がつき、人に認められてまた次の転機が訪れます。サイクルとして順調に回り出すことで、結果的に経済的な安定も得られるはずです。

第二章

Chapter 2

逆転の発想で乗り越える

モードチェンジで苦手を克服する

もともと私は運動が好きで、子供のころから体を動かして遊んでいたし、中学・高校ではずっと運動部に入っていました。朝始業前に、市営のテニスコートでテニスをしてから登校し、放課後は部活をやって家に帰り、ご飯を食べて寝るという生活です。

部活でも皆をリードしていく中心的な役割だったので、部員が勉強していると、「勉強するなんてスポーツへの情熱が足りない！」、部室で中間試験や期末試験の話などしようものなら、「一体何を考えているんだ、もっと部活に集中しろ！」などと一喝していました。

今考えると、的はずれなやる気でした。だからこそ、いざ受験勉強の時期になったときに、一番苦労したのは私でした。

集中力はあったのですが、それがスポーツの方だけで、勉強には注がれていませんでした。好きなことには一所懸命になれるのですが、好きじゃないものに関してはなかなかうまくいきません。

勉強は、好き嫌いというよりも、スポーツに比べると「燃えにくいもの」という感じでした。今となっては、受験勉強をして良かったと思いますし、面白かったとも思います。ですが当時は、好きなスポーツや音楽に取り組むのとは異なり、かなりの苦痛が伴うものでした。とにかく、勉強にとりかかるまでに時間がかかるのです。その上、一週間のうちに勉強する気になる日がほとんどない。

単に苦手というのではなく、かなりの過信もあり、やればできる、いつでも間に合うと思っていたんですね。

というのも中学生のとき、試験直前になって友人と勉強合宿をしたことがあって、それまで学校で四〇番くらいでパッとしなかったのが、そのときだけ成績がトップになったのです。こうやればできる、結果が出るという成功体験を得てしまったのです。それが、現実を甘く見るという原体験となり、大人になるまでつきまとうことになるのですが。

しかしその過信も、このときばかりは通用しません。部活三昧だった毎日から、いきなり受験勉強、それも東大文Ⅰの試験勉強を始めたのですから、量的にも間に合うはずがありません。それでも危機感の足りない私に、あるとき一緒に勉強していた友人が、「本当に大丈夫？　これで間に合うの？」と聞きました。私は「え？　間に合わないの？」という感じで、そこで初めて事態に気づいたのです。

生活全体を勉強にシフトせざるを得なくなりました。

運動にかけていた時間をすべて勉強にかけ、学校の授業が終わった放課後から受験勉強を始めるという生活。陽のある時間から勉強をするなんて慣れない生活でしたが、自分自身でシフトしていくのです。

今まで好きなことばかりやっていた生活から、そう好きでもないけれど、必要だと思ったことをやるという、体と心のモードチェンジを余儀なくされることになりました。

好きなことなら、放っておいてもエネルギーはわくし、好きなモードであれば意気揚々と戦えます。**ですが仕事や人生においては、好きなことをやるよりも、好きではないこ**

とや苦手なことを克服してこなしていくことが必要になってきます。そのために、体と心のモードチェンジをし、セッティングを変えなくてはなりません。

自動車の開発者に聞いた話ですが、例えば時速一〇〇キロでまっすぐな道を走り続けるのに、大きな馬力は必要ないそうです。ギアチェンジをせず一定の速度で走り続けるなら、特別な労力は必要ないということ。

人生も、一度加速したら後はまっすぐ走り続けるだけというならいいのですが、実際は信号待ちがあったり細かいカーブがあったり、その都度ギアチェンジをしなくてはなりません。私は、受験勉強をするというモードチェンジの練習をし続けたことが、学者という仕事をする上でとても活きています。

当時は、共通一次試験（今でいうセンター試験）があり、東大文Ⅰは英語・国語・数学に加え、理科と社会をそれぞれ二科目ずつ受験する必要がありました。

理科は、高校一年の勉強をサボっていたため、一年で習ったはずの生物と地学がさっぱりわからない。必然的に物理と化学という、最も理系的な面倒な科目を選ばざるを得ませんでした。社会に至っては、東大の二次試験ともども、日本史・世界史という面倒な科目になってしまいました。どうしてこんなにやることが多いんだと不満を持ちつつも、自分で決めたことだからやるしかありません。

ですが、ようやく勉強に向かうことになったときも、また好きな科目、できる科目に時間とエネルギーをかけてしまうという事態になります。

エネルギーがわかない上に苦手な科目を勉強するという苦痛からのがれるべく、得意な国語や英語ばかりを進めてしまうのです。結果を求めるための努力は量的な必要性もありますが、「努力のしどころ」を間違えてはいけないのです。

好き嫌いでは「好き」を優先させてしまいがちですが、それではますます苦しむことになってしまいます。

モチベーションを上げることも大事なのですが、それ以上に、現実に対してコストパフォーマンスが良くなるようにモチベーションを配分することが大事なのです。

苦手なことや嫌いなことをこなさなければならない場面は、人生において必ず訪れます。好きなことや得意なことを維持しつつ、苦手なことを克服すべくモードチェンジをしてエネルギーをかけていく。得たい結果から逆算的に考えるべきなのです。

失敗は価値あるものに転化すればいい

浪人したときにまず感じたのは、一年遅れることへのコンプレックスでした。

日本の学校教育は学年主義で、野球でも「松坂世代」と言ったりしますが、あれは世代という幅のある時間の話ではなく、同じ年の四月から翌年三月の間に生まれた学年のことを言っているわけです。

浪人するということは一年ずつ刻んでいる学年制度から外れてしまうということになります。「遅れた感」は、私にとってトラウマのようなものでした。

特に前に進みたくてしょうがない時期でしたから、余計にその思いは強かったのです。

今の私なら、一年くらい何かがストップしてしまったとしても、そんなに大問題ではありません。仕事が全部ストップするのはさすがに辛いですが、他のことであれば一年くらいすぐに経つさ、と思えます。ですが、一八歳の一年は違います。

五〇歳と一八歳では、長さは同じでも価値自体が違うんですね。

だったら、浪人時代を価値のあるものにすればいい。むしろ、浪人したからこそ良かった、受験に失敗したことをありがたいと思えるようにしよう。

そのためにはどうしたらいいかを考えることにしました。

大きな影響を受けたのは、予備校で出会った先生でした。

授業の質問をしたりいろいろな話をしたりしていましたが、中には私が傾倒していた教養主義的な話や、人生とは何か、いかに生くべきかの話に付き合ってくれる先生がいたのです。**予期せぬことでしたが、浪人したことで、自分にとっての至上命題である「人生とは」の話ができる場所に身を置くことができたのです。**

なかなか勉強に手がつかない私も、教養のある先生と教養のある話ができると、ものすごくやる気になりました。先生に始終取り付いているタイプではないのですが、そんな先生と二人で話す時間はとても貴重で、今でも思い出に残っています。

あるときは、「この授業のこの内容について、私の考えを聞いて頂きたいのですが」というような手紙を書いたりして、話をする時間を作ってもらいました。

そうすると、授業にも身が入り、まるで一対一で自分に向けて話してくれるように感じましたし、授業の内容も鮮明に覚えています。

また、当時「受験英語の神様」と呼ばれていた伊藤和夫先生の授業にも、衝撃を受けました。英文解釈の授業では、一文一文の構造を論理的に解説し、なぜここにカンマがあるか、あるとないとではどう解釈が異なるか、なぜ解釈が異なるかについてを明らかにしていきます。まるで公式を使って数学の問題を解くように、整合性をもって英文を解説していく。ニュアンスで解釈するのではなく、論理的に思考のプロセスを追っていくので、曖昧なところや非合理なところがありません。

一つ一つの単語について、意味とこの文中での意義を完全にとらえて解釈していくと

いうのは破綻がない美しいプロセスで、私にとっては頭の良さを鍛えることになりました。難解な構文を解釈するということに没頭しました。

私は当時、自分は頭がいいと思っていて、自分を落とすような試験は本当の頭の良さを試していないというふうに考えるところがありました。かなり自己肯定的に考える傾向があったのです。受験勉強は努力としては必要なことですが、覚えるだけで受かる試験は頭の良さをはかるものではないという考えがあり、嫌いでした。

だから、勉強ができる、頭がいいというのは現代文ができることだという、一種の信仰のようなものがありました。

記述式の現代文の試験は、暗記では太刀打ちできません。毎回異なる文章が出題されますし、問われる内容も異なります。暗記したことを書き記すのではなく、初見の文章をその場で読み取って解答を作る。それが本当の試験だと思っていたので、論述式の東大入試は理にかなっていました。

その点で伊藤先生の授業は、頭を鍛える良い訓練になりました。数学のように、モレなくミスなく緻密に論理を組み立て、想定しうるすべての可能性を吟味しながら破綻なく進めていくという教科にも応用できました。おかげで、本当に頭がいいとはどういうことか、そのトレーニングができたと思っています。

それまで受験勉強なんて機械的に覚えるだけで、どうせ忘れるし後から使えないから面倒くさいと思っていたのが、受験勉強肯定派に変わりました。

本当に良い試験に向けた本当の勉強は頭の良さを鍛えてくれるものであり、ここから逃げる人間とやりきった人間には雲泥の差ができると確信できました。

全教科について、同じように論理的に徹底的に鍛えるということができたのです。

実際に試験を終えたときにも、ここまでやりきったのだから結果云々ではないと思えるほどの充実感を味わえました。受験勉強に真剣に向き合うことができ、プロセスとしてベストを尽くし、そこで勝負をしたという晴れやかな気持ちです。

結果に対して晴れやかか否かではなく、プロセスに対して晴れやかな気持ちになれた

というのは、重要なことです。もちろん結果は大事ですが、憧れていた真剣勝負の世界に没入できたこと自体が、自己形成においては大きな出来事でした。

そのとき初めて、浪人して良かったと心から思いました。安穏とした場所から放り出されたという暗い気持ちもありましたが、本当の頭の良さを鍛え、勝負の世界に向き合うという修行期間だったと思うと、私にとって必要な時間だったと思えます。

教える視点で学ぶと習得が早い

大学に入ったとき、自分としては教養や学問の世界に入ることができた、ようやく未来に進むスタートが切れたという思いで意気揚々としていました。実際に授業に出てみると、先生によって授業の内容も進め方も随分違うことがわかりました。

ある日本史の授業では、一年間かけて新嘗祭《にいなめさい》から始まる天皇制について扱います。限定的なテーマをここまで深く掘り下げることに感動した覚えがあります。また、先生によっては学問的に挑発するような人もいて、レヴィ・ストロースくらい知ってないととか、折口信夫くらい読んでるのが当然だとか、言われるたびに真に受けて大学生協に走って本を買っていました。

「教養がある人間が偉い」という雰囲気の中、自分以外の全員が知識や教養にあふれていると思い、必死で追いつこうとしました。浪人時代に本を読んだつもりでも教養が全く足りていないことに気づいて愕然としました。

その一方で、驚くほどテンションの低い授業もありました。

当時は、学問への情熱は授業のテンションに表れると思っていたので、あれだけ努力して入った大学なのに、その努力に見合うものを返してくれない授業があることにショックを受けました。

今考えれば、浪人時代の予備校の先生というのは一様にテンションが高いんですね。大学の授業と予備校の授業は意味合いが異なるので、授業の善し悪しを同じものさしではかれるはずはありません。

それに大学の先生は学問を究めるのが仕事なので、必ずしも授業にテンションは必要ないということは、自分が同じ職業に就いている今ならわかります。ですが、テンションの低い授業は、教える側の真剣さが足りないと思っていました。

だからといって身を入れて出席しないと、もっと時間がムダになります。

そこで、授業を受けながら「自分だったらこの授業はこう進める」ということをいつも考えていました。カリキュラムはこう組んで、こんな課題を出してというように、目の前の先生の代わりに自分が教壇に立ったとしたらどうするかを考えていたのです。

つまり、**自分が理解した内容を誰かに教えるにはどうするかを考えながら習っていたということです。**

スポーツで、自分がプレーしているときにはプレーの良し悪しはわからないけれど、フィールドの外に出て見てみるとよくわかるというのと同じようなものです。

世阿弥の言う「離見の見」です。自分が中に入り込んでいるとわからないことが、外からの視点で見るとわかってくるということです。

大学院のときに、自分の授業をビデオに撮って、後からそれを見るという機会がありました。そこで見えたもの、気づいたことは大きな財産になりました。学生たちには、教育実習に行く前、仲間同士で互いの授業を見てコメントを言い合うというサブゼミをさせています。コメントをし合うというのが肝です。

話し方にもクセがあり、全部が全部ダメというわけではありませんが、聞く方からしたら無駄な部分があります。「えーと」「あのー」など、どちらかというと良くない方のクセを意識的に指摘すると、よりよく変わってきます。

視点を変えようと思っても、なかなかすぐに変えられるものではありません。そんなときは、観察力、コメント力のある人にちょっと見てもらう。そして無意識のクセを見抜いてもらうのです。いいコメントをもらうと、そのコメントを通して自分を外側から見る視点が身についてきます。

私の場合、実は教壇に立つイメージというのは、自分の次の像でもあったのです。こうなれたらいいと思う像をイメージしながら授業を受けていました。

ある演劇メソッドのセミナーに行ったことがあります。演劇において演技する体を作るという内容で、私の研究課題に参考にしたいものでした。講師はイギリス人だったのですが、講師が説明する言葉や、セミナーの進め方など、すべてをメモしてきました。休み時間に、すべてメモを取ったのです。

セミナーが終わってすぐ、大学の授業で学生向けにやってみました。「面白いものを習ってきたから」といって授業でやったら、思った以上にうまくできました。二回くらいやったら、自分のものとしてできるようになりました。

講義やセミナーなど、何かを教授される場には、自分が変わることや成長することを目指している人たちが集まります。聞いた直後は感動と興奮で満ち足りているのですが、一週間もすれば熱が冷めてしまって、あまり記憶に残っていません。

だからこそ、「これを自分が次に誰かに伝えるには」という視点で参加するのです。どういう段取りで進めて、どういう言葉で説明したか、きちんと記録に残しておくことです。

すべてを書き取って、できれば一週間以内に、誰かを相手にして自分で実践してみる。相手が理解できれば、自分の身に付いているということになりますし、相手が理解できなければ、自分の理解も不十分だということになります。

情報を受け取る時点で、それを伝える側に身を置く、教える側の視点を持つことで、理解や習熟が格段に早まります。

教える側に立たなければ、本当のことはつかめないというのが、私の実感です。

結婚で現実と世間を知る

結婚したのは二六歳のときで、まだ大学院に通っているころでした。結婚といっても大人二人の生活なので、アルバイトの身とはいえ二人で働けば何とか生活はできていました。まさか三〇過ぎまで学生でいるとは思わなかったので、そろそろ子供が欲しいということになって二人生まれたのですが、子供が生まれても依然として私は無職でした。

さすがにこれではいけない、予想外に問題のある人生に入ってしまったという感じがしていました。

ここまで、人よりは確かに曲がり角の多い人生だったかもしれませんが、自分なりには一歩ずつ踏みしめて進んできたつもりです。

でもそのときに悟ったのは、世の中の人たちが自分の人生を助けてくれるわけではない、自分の力で何とかするしかないんだということでした。そういう中で、仕事に就いて収入を得るということがかなり現実味を帯びてきたわけです。

結婚して変わったのは、結婚すると生活や人生に対しての現実感が生まれるということでした。よく、仕事に就いてから、職が決まってから結婚するという人がいますが、結婚と仕事とは別問題なのです。

日本という国では、定職がなかったとしても、健康な大人であればなんとか生活することはできます。私の場合、研究者であったために、仕事というものに対して明確なイメージを持っていなかったので、結婚して家族ができることで否が応でも現実に引き戻されるという経験をしました。

そういう点では、職を決める前に結婚してしまうというのも一つの選択です。

両親に結婚の報告をしたときに、「人生では仕事と結婚の二つが大きな課題。仕事は決まっていないけれど結婚はできた、つまり大事な二つのうち一つができたということだ」と言われました。

そのときは、仕事を見つけるのは大変だけれど、結婚はそれほど難しいものではないと思っていたのですが、今考えると、それは正しいかもしれないと思います。

仕事は変えることができますが、結婚相手は変えにくい。生物学的に見たときには、仕事があることよりも結婚して子供がいることの方がよっぽど重要です。そう考えると、結婚するということで、一人前になるための一つをこなしたということになります。

なりたくてもなれなかった「一人前」に、一つ近づきました。これは大きな発見でした。

また子供ができたときも、現実世界へのモチベーションが高まりました。

モチベーションというよりも「後がない切実さ」といった方が正しいかもしれません。

職を求めて明治大学の教員に応募したときも、後がない人間が発するオーラというか空気があったのだと思います。

職がないまま結婚して子供二人を背負っている現実。

世間は何もしてくれるわけではない、この家族で世の中と戦っていくんだという思い。

地方出身の私は、戦い続けなければ都会で住む場所もありません。これは戦いなんだと思ったとき、個人としてではなく家族として戦う決意が持てたのです。

これが、すでに一人前になっていて、いろんな環境が整っている人や安定している人は他の人の力をさほど必要としないものです。だから、結婚する意味も薄れてしまう。

私たちの場合は、不安定な者同士が力を合わせてなんとか戦っていく、そういう構造が明確になりました。結婚して子供ができたことで、私はこの現実世界に自分の足で立つことを余儀なくされたのです。


では何をするか。とにかく就職するために論文をたくさん書くことにしました。

それまでは、一大思想を打ち立てるのが目標だったのですが、現実の生活を成り立たせるために、小さい論文を書き続けることにしたのです。

書き続けてみるほどに、論文は書きやすくなりました。実際に就職できるまでにはまた時間はかかりましたが、現実的な生活をする決意をし、実行することは十分にできました。生活が整ってからの結婚ではなく、結婚してから生活を整える方向に意識を向けていったことで、より真剣味が増したのかもしれません。

私にとって結婚は、現実的なステップを踏ませてくれるきっかけになりました。

仕事の中に趣味の要素を見つける

自分がやりたい仕事をすることは大事ですが、趣味というのはあくまでも趣味であり、仕事ではないことを理解しておく必要があります。

本を読むのが好きだとしても、趣味としての読書は仕事になりえません。

仕事のために知識や情報を得ようとして読む、あるいは自身で文章を書くために色々な本を読んでおく、それなら読書が仕事に役立つことはあります。また、アニメーターになるためにアニメを見るのならいいのですが、ただアニメを見てばかりいても、何にもなりません。

好きなことが結果的に仕事になった、仕事が趣味になったという状態はいいのですが、単なる趣味は趣味の域を超えません。趣味というのは、外部から享受して消費するものであり、姿勢として受動的です。ビジネスとして社会とつながっていないのです。

何となく、好きなことが仕事になればいいなぁと思っている人は、それが危険な考え方であることに気づいた方がいいのです。

仕事の基本は、労働によって生計を成り立たせること。好き嫌いとは別の問題なのです。

最近では、趣味をブログで発表して注目され、ビジネスとしての成功を収めている人もいますが、相当な時間とエネルギーを注ぎこんでいて、もはや趣味とは呼べません。

料理研究家の栗原はるみさんも、ここまで来るのに相当量の才能とエネルギーをかけています。中途半端ではありません。

もし今、仕事にしたい趣味があるなら、積極的に発信していくこと。今は個人でも情報発信の場が用意されていますし、どこかで誰かが見てくれるチャンスが増えてきているので、そういう意味では恵まれた社会です。発信し続けなくてはならないという点で、普通に仕事をするよりもエネルギーを必要としますが、その覚悟ができていれば大丈夫です。

好きなことを仕事にできる人は、類まれな情熱を持っています。

そこには、徹底的に没入するという経験があるはずです。そうでない場合は、今している仕事を好きになる、仕事の中で好きなことややりがいを見つけていくという視点が必要です。

仕事というのは、一つのことだけをやっているように見えて、実は複合的な要素の集大成です。一口に営業と言っても、クライアントと交渉するだけではなく、相手企業の事前調査や過去の取引内容の確認、ニーズ分析や書類作成まで、様々な業務があります。

要素に分けた中には、得意なものと苦手なもの、性に合うものと合わないものがあります。たった一つでも、好きなこと、趣味のように楽しくできそうなことがあれば、その仕事は結構向いているのかもしれません。

仕事をするなら、ただやることをこなして給料をもらうよりも、一つの作品のように仕上げていくようにしたいものです。同じ労働時間なら、気持ちよく爽快な疲労感を持って終わりたいのです。

例えば会社で、「今日は疲れないように仕事しようよ」というのはありえないのです。仕事するなら、みんなで気力を上げて一所懸命仕事する、むしろ終わったあとにしっかり疲れるように仕事します。どんな仕事でも、エネルギーを出し切ることで仕事を大切にしなければ、好きになれないし、やりがいも得られません。

趣味を仕事にできなかったとしても、仕事の中に趣味のような要素を見つけ、しっかり疲れるくらいにこなすことで、結果も出ますし評価を高めることにもなります。

公正な勝負でハンデを克服する

子供時代を振り返ってみて、自己形成の土台としてあるのは「正義感」です。

昔は、「正義感」という言葉はよく聞く言葉の一つでした。両親から「正義感のある子」と評価されていたこともあり、正義感のあるなしは、私にとって非常に重要なことでした。

特に真面目であるとか良い子ではありませんでしたが、何か不正があったときには見過ごすことができない、身を乗り出して向かっていくといったところがありました。

いじめられている子がいたら助けに行くというような正義感。

幼心に、「義を見てせざるは勇なきなり」という思いがあったのでしょう。何が正しいことなのかという感覚を大事にしていました。


今の時代に比べると、当時は社会全体で「正義感」の評価が高かったように思います。

学校の評価基準の中にも「正義感」という項目があった記憶があります。

今は、正義感よりも「やさしさ」の方が評価される時代になってきていて、社会学者の栗原彬さんは「一九八〇年代以降は『やさしさの時代』に入った」とおっしゃっています。

もちろんやさしさも評価に値する概念であり、昔もやさしさがなかったというわけではありません。昔は、やさしいというより思いやりという感覚だったかと思います。

人に対してやさしいか否かよりも、正義感の方が優位にあった時代で、正しさを人に押し付けるわけではないのですが、フェアではないことに我慢ができないという心情だったのです。

そのため、公正であるということ、フェアであることが私にとって重要な基準になりました。思い切り自分を試して、フェアに競争した結果の勝ち負けであればそれでいい。

フェアな勝負によって評価や給料が決まる世界を求めていたのですが、実際にはそんなに多くはないのかもしれないと思うこともありました。

受験勉強をしていたとき、勉強自体にはなかなか興味が持てなかったですし、試験内容にも納得できなかったのですが、やった分だけ形になる、努力がそのまま結果に表れるという点では、驚くほどフェアな世界であるということに気づきました。これは私にとって大きな発見であり、モチベーションを上げる要素になりました。

よく、親がお金持ちであれば勉強のできる子になる、収入の多い家庭の方が子供の学力が高いなどと言われ、格差社会と批判されることもありますが、私は勉強はそんなに簡単なものではないと思っています。

経済的に余裕のある家庭というのは、勉強に対するモチベーションが高いということは言えます。家全体のモチベーションが高いので、自然と勉強する雰囲気になり、勉強するのが当然という環境にはなります。

格差というなら、モチベーション格差です。モチベーションを上げるためにお金を使うことはあるかもしれませんが、お金があるだけでは学力は伸びません。

どんなに家庭教師をつけて塾に行かせたりしても、より多くの問題集を解いた人間の方が成績が上がるようになっているのです。

その点では、フェアで公正な競争世界です。

スポーツは全般的に好きなのですが、子供の頃からやっていて最も好きなのは相撲です。一対一で相手と見合って、裸一貫で戦うというのを幼稚園の頃からやっていました。

私は体が小さく、背の順で並んで「前へならえ」をするといつも手を腰に当てる役。前へならったことがない子供で、本来相撲には向いていない体格だったのですが、足腰を鍛えて踏ん張ることを学びました。

相撲は足腰の踏ん張りと粘りのスポーツです。

小さい身体でも、踏ん張れば勝てるのです。


身体の大きい友だちで、その名も「熊木くん」という子がいて、彼は私と対戦するとつり出しをしようとするんですね。私は土俵際で踏ん張ってうっちゃるのが得意でしたから、熊木くんとしてはうっちゃられて負けるのはイヤだと思ったらしく、私をつりにかかるわけです。

取り組みの前に私のところに来て、「つらせてくれ」なんて練習するのがなんとも子供らしいところなのですが、小さい身体でも方法次第で大きい人に勝てるというのが相撲のフェアなところだと思っています。

中学に入ったときも一三八センチで、その頃の写真を見ると椅子に座って足が床についていません。女の子からは恋愛対象にもならないようなところがあったので、身体が小さいからという理由で負けたくない、フェアに戦うことを求めていたのだと思います。

公正さは、努力を結果に反映し、ハンデを克服するチャンスを与えてくれます。そんな気持ちよさに惹かれているのだと思います。

やり方を工夫しながら「怠惰」と「特訓」で生きていく

私はもともと怠惰な性分です。怠けたいがために、要領よく切り抜けようとする傾向があります。結局、物事を甘く見たために痛い目に遭うことも多くありました。

相反することのようですが、実は「特訓」という言葉も好きです。特別に訓練するというのが、気分的に盛り上がります。

例えばピッチング練習をするなら、雨が降って欲しい。天気がよくて環境が整ったところよりも、雨が降っている中で泥まみれになって投げていたい。雨に打たれても投げ続けている自分、そういう非合理なものにひかれるところがあります。

普通のことをやる分には合理性だけを追求すればいいのですが、非合理をも味方につけるという発想にこそ高次の合理性を感じるのです。思考は合理的でも、設定が非合理的。ピッチング練習をすること自体は合理的でも、雨降りという環境が非合理的。

無理を承知でやるというのを繰り返してきたところがあります。

教えている学生に対しても、少し負荷がかかるような課題で特訓感覚を伝えたいという思いがあり、「何でもいいから二週間特訓してきて、レポートする」というミッションを出したりします。特訓しているときは気分が高揚しますし、二、三週間くらいだとテンションが続きます。英語のリスニングやダイエットなど、なんでもいいのですが、それなりの成果は出ます。

私が大学に入ったとき、現役合格して入った同級生たちは、着実に勉強を積み上げてきた人たちが多かったのです。中学くらいから、コツコツ勉強を続けてきても全く苦にならない人がこんなにいるのかと驚きました。勉強が嫌いなのは自分だけだと思いました。

そういう人たちと肩を並べていくのであれば、怠惰さを特訓で補うしかない。本来はバランスよくこなしていけばいいのですが、それができない分特訓で自分を追い込むのです。

本当はだらけていたいですし、炬燵の中でぬくぬくとしていたいのです。でもそれだけだと、なんだか人生の帳尻が合わないような気がしていました。

だから特訓が必要なのです。

真面目でマメな性格というのは、親から贈られたプレゼントです。真面目さを性分として持って生まれたなら、それだけでラッキー。でも私は怠惰に過ごしていたい、つい世の中を甘く見てしまう。そんなことが世の中で通用しないのは明らかです。

だから特訓によって切り抜けていくのです。

考えてみると、怠惰と特訓は実は相性がいいんですね。やり方を常に工夫しつつ、怠惰と特訓で補い合いながら生きていく。両立するものなんだと思ったとき、これが自分の生きるスタイルだと気づきました。

最近の学生を見ていると、メリハリのなさを感じることがあります。

比較的授業にはちゃんと出席していて、サボっているわけでもないけれど、すごく好きなことにのめりこんでしまったということもない。感じが良くて性格のいい子で、やれと言われたことはやるけれど、過剰さがないという印象です。なんとなく、のぺーっとした感じやおだやかすぎる感じが、表情から伝わるのです。

企業が学生を採用するにしても、**のっぺりしていて気力が伝わってこない人を選ぶのは難しいでしょう。**

一言でいえば、気概が感じられない。気概が体から伝わってこない人は内定が出にくい。のっぺり感を脱出する意味では、怠惰と根性の抱き合わせでメリハリを出すというのも一つの策ではないかと思います。

ネガティブ評価は具体的課題に変換する

自分にとってネガティブな評価をくだされると、誰しも少なからずショックを受けます。自分の存在とネガティブな評価をイコールでとらえてしまいがちだからです。

「仕事がいい加減だ」と言われたとしても、「人格がいい加減」ということではありません。だからといって、「じゃあ、いい加減にしないようにしよう」と思っても、何からやればいいかわかりません。わかっているのは自分がいい加減だということだけ。

そんなときは、その評価の中身を具体的に確認することです。抽象的すぎると、とらえどころがないので、仕事のどの部分がいい加減なのか、何をもっていい加減と判断されたのか。評価を自分の人格や実力と切り離して、具体的な課題や技術として取り入れるようにします。

「仕事のいい加減さ」の具体的事柄として、「作成した書類の数値を間違ったまま提出した」ということだとしたら、課題は「数値を確認してから提出する」ということになります。忘れないように、手帳にメモしておくのもいいでしょう。自分の手帳に「仕事がいい加減」と書くのは辛いですが、「数値を確認して提出」ということなら実践できます。

時々、人格的な攻撃をしてきたり、「根本的に暗いからダメ」などと直しようのないことを言ってくる人もいますが、そういう人にも、どこがどう変わればよくなるか、どうすればもう少しマシになるかを聞いてみる。少しでも具体的なことが出てくれば、そこからどう改善できるかという話し合いができるようになります。

全てを否定的に解釈せず、直した方がいい部分だけを変えていく。自分の実力や自信を失わない形で、よりよく改善することはできます。

その上で、「修正力」をアピールします。指摘された内容が修正できたら、評価は一気に上がります。マイナスがプラスに転じるのは、変化としてとても大きく感じられるからです。

私も、ここところが良くないと指摘した学生が、次からそこを修正してきたとき、「見所のある学生だ」と見方が急に変わったことがあります。そんなときは、「ダメだなんて思い込んでて悪かったな」と反省したくらいです。

ネガティブな評価を受けても、修正する力があれば、かえって評価が上がります。きちんと修正するためにも、具体的課題に落とし込むことが必要なのです。

ただし、ネガティブな評価を受けて不快になることは、必ずしも悪いことではありません。快適な刺激は、モチベーションが上がってどんどん進むという効果があります。一方不快な刺激は、エネルギーが長続きするという効果があります。

試験に落ちる、好きな人に振られるといった、とんでもなく不快な刺激を受けると、「絶対に見返してやる」というパワーに転化されます。見返すといっても、振られた人とまた付き合うということではありません。

いい仕事をして一流になって、後悔させてやるという見返し方であり、実際には達成した頃にはそんなことは全く忘れているということが多いのですが。

見返すというのは、恨みやねたみとは違います。

恨みは特定の個人に負のエネルギーが向かってしまうことであり、ねたみは相手を引きずりおろすことにエネルギーを注ぐことです。週刊誌などで有名人のスキャンダルが伝えられるのも、引きずりおろすのがおもしろいからです。

特定の個人を攻撃せず、自分の努力によって相手の後悔を期待する。だから、実際に相手が後悔するかどうかはわかりません。ただ、そこに向かって努力する自分には、普通以上のパワーが出るものです。

不快な刺激を「見返す」という意識構造に変容させることで、人生の起爆剤になりうるのです。見返すという強い気持ちのない人は、ネガティブな指摘も素直に聞くという路線もあります。この素直型は、実は結構心が強くなります。

何を言われても、とにかく素直に聞いてみる。

快不快を考えずに、「なるほど、参考になります」「勉強になります」と聞いてしまう。それがクセになってしまうのです。そうすると、ネガティブでも不快でも、大して気に

ならなくなります。すべて自分へのアドバイスとして受け止められるようになります。

私はというと、大学院の無職時代には「ブルドーザー型」ともいうべく、一切聞く耳を持たない人間でした。何を言われても全く気にしない、わき目もふらず自分のやるべきことを信じて突き進み、誰が何か言っても虫が鳴いているくらいにしか思わない。

この方法は、ぴったりはまると大きなパワーを生み出しますが、私はこのおかげで無職が長くなったと思うので、お勧めはできません。

一つ強く思っていたのは、誰も自分の人生の責任を取ってはくれないということ。

大学に勤務してからも、「本を出しすぎるとよくない」「テレビに出すぎるとよくない」と忠告を受けることがありましたが、まともに受け取ることはしませんでした。

それまでの人生を考えても、忠告してくれた人が責任を取ってくれるわけではなく、すべて自分で引き受けなければならないことを知っていたからです。

ですが、誰の言うことも聞かないというのは危険です。

私自身としては他人からの評価や忠告は、自分が信頼できる人、この人と決めた人の言葉は聞く、それ以外は聞かないと決めました。

他人からの評価に心が右往左往してしまうのは、エネルギーの浪費です。

評価というのは、努力した量と二次関数の関係にあります。はじめはほとんど上がらない。停滞時期がしばらく続き、ある時点から一気に上昇し、一度上がれば慣性の法則のように上昇していくものなのです。

世の中は、努力と時間をかけた分上がっていくという正比例グラフにはなっていないのです。評価は短期的に期待しないこと。長期的な評価を目指して行動しないといけません。

そして、不得手な点を指摘されたら、それを修正するか、修正できない場合は補うストロングポイントを追求すること。弱みを修正するか、強みを軸に自分のスタイルを組み立てていくか、選ぶのは自分自身です。

自分に関心のない人を好きにならない

私は、男性のフェロモンは経験値に比例するという命題を持っています。

女性はまた別の尺度があるかもしれませんが、男性は恋愛自体の経験値が非常に重要なポイントになります。

恋愛経験のある人は、女性のことをある程度理解できていて、展開に柔軟に対応できます。経験自体を増やすことも比較的容易であり、フェロモンも比例して増加してきます。

つまり、恋愛経験0を1にする、1を2にするのは非常な困難を極めますが、10から11にするのは比較的容易です。


付き合い始める年齢は早ければいいというものではありません。高校生で恋愛にはまらなければいけないということもないですし、二〇歳過ぎでも遅いことはありません。

私も実感としてありますが、男性は二五歳くらいまでは全然人間ができあがりません。まだまだ子供っぽさが残るので、恋愛するのも経験、失恋するのも経験の一つとしてプラスにできます。

ただし、初めての恋愛が二〇代後半に入ってしまうと、経験とはいえ意味合いが重くなりすぎます。せめて二〇代前半には一度でも恋愛経験を持っていないと、それ以降の恋愛が難しくなるというのは、調査結果としても出ています。


未婚の新成人への調査で、今現在付き合ってる人がいるか否かを調べたところ、二〇一一年には「いる」と答えた人が二三%でした。一九六六年の調査開始時には五〇%台で推移していたのが半分以下に減少するというのは、社会構造がひっくり返る変化。まさに、少子化まっしぐらです。

「いない」と答えた七七%の中には、「過去にはいたけれど、ちょうど今はいない」という人も含まれますが、おそらく「全く付き合ったことがない」という率が以前より高くなったことが大きく影響していると考えられます。

恋愛の経験値を増やすには、相手からのアプローチを待つとともに、自分からアプロ

ーチをかける必要もあります。

ですが、それができない場合、多くは「断られることへの不安」があるからです。

もちろん、私も告白して断られる勇気は持てませんでした。わざわざ状況をセッティングして、緊張して、告白して断られる、そんな苦しみになんて到底耐えられるはずがありません。その上、ここまでしたのにと、頭に来てしまう。合理主義を標榜する私としては、そんなリスクは冒せません。若い頃は、告白する友人を見て、よくそんなことができるなと、半分感心しつつ半分呆れていました。

告白して振られるという状況を避けるためには、事前に脈があるかどうかを確認すること。先に判断できると、被害を最小限に食い止められます。確認ポイントは、自分と話しているときに笑顔が多いか、質問をしてくるか、軽くでもボディタッチがあるか、この三点です。

他の人と話しているときよりも笑う機会が多いとか、面白くなくても笑うというのは、脈があります。またこちらが話しているときに質問してくるというのは、興味がある証拠です。ちなみに、向こうが自分相手に長く話すかどうかというのは指標になりにくいもの。女性の場合、相手の好き嫌い関係なく「おしゃべり好き」の人はいるものです。

ちょっとお茶でも飲みながら話をする機会が持てれば、これらはより一層具体的にわかります。そして、「(私とあなたは）付き合う可能性はあるのかなぁ」と聞いてみればいろんなことがクリアになります。

こういう問いかけに対して、可能性がない場合は明確に「ない」と答えます。答えを曖昧にしたら、少なくとも「全くない」ことはないということ。

もし「ない」と言われても、告白したわけではないのでそれほど傷つきません。彼氏彼女がいるかどうかを聞いてもいいのですが、「ない」という場合は様々な理由で「ない」わけであり、ここで確認したいのは「脈があるかないか」なので、それさえわかれば特に追求する必要はないでしょう。

私はさらに、「自分（私）に関心のない人を好きにならない」というルールを決めました。自分に関心のない人でも振り向かせてやるというパワーのある人はいいのですが、

私はそんなパワーを持ち合わせていませんでした。だからこのルールを決めたのです。

するのと、随分ラクになりました。自分に関心のない人を好きにならないのですから、「振られる」という事態が存在しません。

付き合っていて、他の人が好きになったと言われたときでさえ、「なるほど、自分に関心がなくなったということなら、そういうあなたには自分も関心が持てない、よし別れよう」ということになります。


逆に、自分に関心のある人に対しては、徹底的に基準を甘くします。

好きな顔立ちでも自分に関心のない人と、とりわけ好きな顔立ちではないけれど自分に関心を持ってくれる人だったら、後者を選びます。自分への関心度を基準にすると、振られることもありませんし、結果的にうまくいく率が高まります。

恋愛になかなか踏み込めない、それが振られたくないからだとしたら、振られても傷つかない精神構造を持つことで乗り越えられます。

経験値を上げることで、自分の基準も相手の基準も徐々に上げていけばいいのです。

第三章
Chapter 3

自分のエネルギーを循環させる

エネルギーは「出す・受ける」で循環させる

中学生のとき、短歌についての研究発表をする授業がありました。

そのときに私が選んだのは、石川啄木の「こころよく　我にはたらく仕事あれ　それを仕遂げて死なむと思ふ」でした。

とにかく仕事がしたい、快く仕事ができるのであれば、それをしっかり成し遂げたい。成し遂げられたら死んでも構わない、そんな歌です。

私自身、何かしらの仕事を成し遂げたいという思いは、この頃からあったように思います。**自分の中からエネルギーを発して仕事をし、それを他の人に受け止めてもらいたいという思いです。**

私の中では、「人に受け止めてもらう」というのが重要でした。

例えばスポーツは好きでしたが、純粋にスポーツをすることが好きというよりは、やはり大観衆の前でプレーをする長嶋茂雄みたいになりたかったのです。大勢の人が見ていて大きなプレッシャーのかかる中、大きな仕事を成し遂げるというのが理想でした。

高校時代は裁判官を目指していたのですが、そういう意味では、理想に合致した職業でした。野球選手のように華やかではないけれど、世の中が注視している中で判断を下す。自分を律して判断を下し、その判断が間違っていれば世間からの責めも引き受ける。考えうる中で、こんなに価値のある仕事はなかなかないと思っていたし、立派な仕事だと思っていました。この判断は今でも間違っていなかったと思います。

その後、教育学研究者の道に進むことになるわけですが、大学院生の間はただひたすら論文を書き続ける生活でした。コツコツと一人で論文を書き続け、なかなか認めてもらえずに、さらに書き続けるような毎日。

孤独の中で、ひたすら論理を積み上げていくのは、誰かに読んでもらえて認めてもらえない限り、手ごたえが感じられないのです。

それが一〇年近くも続いていました。

一変したのは、明治大学に就職が決まったときでした。

もちろん研究者として論文は書いていましたが、それに加えて大学で授業を担当するということになりました。これは、私の精神衛生に大変良い効果をもたらしてくれました。

自分のエネルギーを他の人に表現できる、そしてそのことの反応がすぐに返ってくる。長い間忘れていた感覚でした。

こういうエネルギーの循環が、精神の健康を維持してくれました。

特に、明治大学という場所が良かったのだと思います。性格のいい学生たちが多いですし、男っぽい大学というか、汗をかく大学という雰囲気があります。

当時は今よりも、学生たちは体が丈夫でエネルギッシュ、多少無理な課題を与えても、のたうちまわってこなしてくるという感じでした。私は彼らをトレーニングするコーチ的な役割で、学生たちはそれに必死についてきました。

教員養成の授業なのですが、気質的にも明治の学生は教員に向いていると思います。丈夫な分、子供たちに体ごとぶつかっていく、そういうカラーが日本の教員には必要なんですね。

子供たちと一緒に体を動かして汗をかき、人の気持ちがわかって一緒に涙を流せる先生。学生の中には、野球部やサッカー部など、運動部の顧問になりたくて教員を目指し、一所懸命勉強してきたというケースもあります。

だから授業でも、運動部のトレーニングみたいに勉強させるのが合っているのです。本を徹底的に読ませるシステムを作って鍛え上げるということもやってみました。

エネルギーは、自分の中で増やして貯めていくだけでは機能しません。

外に向かって表現し、それを他人に受け止めてもらう。その反応を得て、また次のエネルギーを作り出して表現していく。

この循環ができてこそ、エネルギーは有機的に回りだしていくのです。

脳と身体は連動させる

私の研究テーマであった身体論は、身体と心は別物ではなく一体であり、身体がまず存在し、身体を通して世界を感じながら自己と世界との関係を作っていくという思想です。

この思想になじんだのは、子供の頃から大人数の中で生活してきて、身体で他者や世界と関わるという経験を日常的にしてきたことと深く関連しています。

実家は家具メーカーで、仕事場の上に自宅がありました。

いつも大勢の職人さん達がいて、ちょっとしたもの作りの手伝いをしたり将棋をやったりして、大人たちに可愛がってもらいました。

よく宴会を開いていて、見本市が終わった後の慰労会や社員旅行、卓球大会をやったりして大家族のような付き合いでした。中学を卒業してすぐ住み込みで働きに来ている職人さんもいて、その人が夏休みで実家に帰るときに一緒に連れていってもらい、田舎で豚と遊んだりお茶踏みしたりして過ごしていました。
「お受験」のような勉強がなかった時代なので、映画『三丁目の夕日』のような、子供が集まってチャンバラごっこをしたり相撲を取ったり、遊びに全エネルギーを使って、ご飯を食べて寝るという毎日の繰り返し。

身体を使って遊ぶというのは、他人とエネルギーを出し合うことであり、そこには他人の身体と自分の身体との一体感があります。昔は子供の数も多く、男の子も女の子も一緒に遊んでいたので、みんなでひとつになるという感覚が持てました。

今の子供たちは男の子は男同士、女の子は女同士で遊ぶことが多いので、なかなかその感覚は持ちにくいのですが、性別も何も関係なく一つになるというのは、自分の身体と人の身体が自然にくっついて、身体感覚によって人とのつながりを感じることができるのです。

スポーツでも、柔道や格闘技など身体を使うものはもちろんですが、サッカーや野球などボールを使う競技でも、ボールを通じて人と連動している感覚を味わうことができます。コミュニケーションやチームワークを、運動を通して身体で感じることができるのです。身体論的な人とのつながりを得ている人は、孤立や孤独といった心理的危機の心配が比較的ありません。

身体と他者との関係、身体と自己形成の関係というのは、私にとっては常にイコールでした。そのため、大学院に進んで教育の研究をすると決めたときも、身体論を中心にした教育を考えていました。

授業中、他の学生は椅子に座って講義を受けているのに、私一人だけ床に座って開脚しながらストレッチしているような状態。はたから見たら異様な光景だったかもしれませんが、私は身体技法と教育との関わりについて考えていたので、淡々とやり続けていました。

腰を伸ばしながらどうやったら一八〇度近く開脚できるか試したり、どうしたら胸が床につくだろうと頑張りながら講義を受けていました。

私は、身体を極めることで教育の世界のトップに立てると考えていました。

私見によると、教育は身体を忘れてしまってからうまくいかなくなったのです。江戸時代の寺子屋では、教科書を声に出して素読するというトレーニングを徹底的にやっていました。これは剣術にも似た訓練で、修行こそが人間形成につながるという考え方です。

身体を使わない学習、身体にエネルギーのない教育は実にならない。

それは強くなる、屈強になるというのとは違います。身体が弱い子がいてもいいので、身体を使った学習をすべきということなのです。

それには下半身を鍛えることが必要で、四股を踏む、相撲はとても有効です。

今の子供たちを見てみると、私が子供だった頃とは確実に身体が違います。

小学生を一〇〇人くらい集めてイベントをするのですが、身体は弱くなったと思いますが、その分、頭がいいように感じます。

昔の子供はもう少しボーっとしていましたが、今の子供たちは大量の情報をすばやく処理できています。テレビを見ていても、言葉は速いしジョークも高度なものが多いですね。子供たちが「オードリー」の漫才を見て笑っていますが、よく見てみるとボケと突っ込みが入れ替わったり、ボケかと思うと乗り突っ込みだったり、笑いの構成が複雑化しているにも関わらず、ちゃんと的確なタイミングで笑っています。恐らく、情報処理のスペックが上がっているのでしょう。

ですが、根性とか足腰の強さでは昔の子供と差があります。

相撲を取らせてみるのですが、相撲になりません。相手に寄りかかりながら押しているので、相手がすっと引いたら自分が倒れてしまう。「ストップ相撲」というのをやるのですが、片方がストップして体をよけると押していたはずの子供が倒れるのです。

足腰の強さや心の粘り、根性や集中力の感覚が身についていないと、自己形成も変わってきますし、生き方も違ってきます。

身体にエネルギーを持つということは、心のエネルギーを鍛えることにもなります。身体のエネルギーを放出しながら他人のエネルギーを受け止める、身体を軸にした関係性の作り方が今の日本の教育に必要なことだと考えています。

長期間貯め込むほど放出エネルギーは強くなる

ようやく明治大学への就職が決まって仕事を始めたとき、自分の働くべき場所があり、毎月定期的に給料がもらえるというのは、なんて安定していて素晴らしいんだろうと思いました。私が一〇年近く生活に困窮しながら研究生活を続けていた間、他の同級生たちはこんなに素晴らしい毎日を送っていたのかとしみじみ思ったほどです。

自分の居場所ができ、果たすべき役割も仕事もあり、温かい気持ちになってはいましたが、ふと「対世の中」という視点で見てみると、私はまだ何一つ認められてはいません。誰も私のことを知らないし、自分の研究や思想を訴えることで社会を良い方向に変えて貢献するということも、達成されていません。

大学の先生になったからそれで良しではなく、世に出るための方策を考える段階に来ていました。

一つの策として、本を出版することを考えていました。論文も書いていましたが、世の中の人たちに伝えるためには、本を書こうと。

何冊か本は出したのですが、なかなか読んでもらえない時期が続き、またしても悩みに沈む時代になりました。一日一〇数時間かけても、これ以上できないというくらい努力しても、本は売れず世に出ることができない。

三三歳くらいから始めましたから、実際に世に出るきっかけになった『声に出して読みたい日本語』まで七、八年かかったことになります。

今では、大学の先生でなくても出版はできますし、逆にブログなどで注目されて大学の先生になるケースもあります。学者でなくても大学の先生になれる、何かで有名になれば大学の先生になれる時代が来たのは、私にとって衝撃でした。

大学に就職するために、論文を書くことだけに費やしてきた地獄のような日々は何だったのかという、納得しがたい思いはあります。

ただこの年になって、世の中にはいろいろなルートがあるんだなと思うようになりました。東大に入らなくても、大学院だけ東大に入れば最終学歴は東大大学院になりますし、研究をして論文を書かなくても大学の先生になれるのです。

そういう点では、研究の世界に没頭していたあまり、世の中の仕組みやありようを知らなかったのかもしれません。

本を書くということで言えば、その頃から今まで、またこれから先もモチベーションが下がることはありません。

本は世の中に訴えるチャンスを与えてくれるものであるし、自分の思想で世の中と勝負できるという気持ちがあるからです。

もともと二〇歳くらいのときから、本を書きたい、書こうと思ったらいつでも書けると思っていました。『声に出して読みたい日本語』の出版が四〇歳、本を出したいというエネルギーを二〇年間持ち続けてきたということになります。二〇年間分のエネルギーというのは、一〇年やそこらで枯渇するものではないのです。

浪人したとき、いずれこの一年を一〇倍にして取り返すぞという思いがありました。職もなく、世の中に認められもしない学生として一〇年近く過ごしたときには、一〇〇倍くらいにしないと気が済まないという思いでした。

人生の中であまりに多くの準備期間をかけてしまうと、それを取り返したいという思いが強いモチベーションになるのです。押し込められた時間が長いほど、放出するエネルギー量も多くなります。

似たような話で、倉田百三という大正時代の評論家が、「性体験はなるべく遅い方がいい」ということを言っています。二五歳くらいまで童貞でいたほうが、エネルギーが沸き、長く続くのだそうです。

一説によると、石油は、地中に埋まった動物の骨が長い年月をかけてエネルギー化したものだといいます。私の中では、二〇代はすべて動物の骨だったような気がします。四〇歳になって本が売れて、ようやく世に出ることができた。

二〇歳から四〇歳までの二〇年間は、誰からも認められることなく、世に出て勝負することもできず、ただひたすらエネルギーを貯め込んでいました。ですが、時間がかかったからこそ一気に加速がついたのです。

本を出すにしても、年に三、四冊だとそんなに驚かれることもありませんが、私は平均すると年に三〇～四〇冊くらい出しています。一〇〇倍にして取り返すという気持ちでいるから、生涯一〇〇冊ではなく、一〇〇〇冊くらいでないと気が済まないのです。

一〇〇〇冊というのはなかなかの数ですが、努力した結果は数字に表れるわけで、野球選手ならヒット数やホームラン数で評価されます。本を出すというのは簡単なことではないので、量産するというのはそれなりの評価を受けていいと思っていますが、もはやほめてくれる人はほとんどいません。自分で勝手に納得しつつ、積み重ねている感じです。

もし今、不遇の時代だと思っている人がいたら、将来のエネルギーを貯め込むための時間だと思ってみてください。この時間が長ければ長いほど、放出するエネルギーは強く長く続きます。

経験値こそが財産

仕事でも何でもそうですが、初めてやることは最もエネルギーが必要です。

実際にとりかかる前の不安、どのくらいの下準備が必要で、どのくらいの時間がかかるのか。始めてからも、どう進めていくのか、いつになったら終わるのか、そもそも本当にうまくできるのかといった不安が心をむしばんでしまいます。

つまり、予測できないことに対しての不安であり、心の疲労ともいえます。

確かに初回は大変ですが、それが二回目三回目となるにつれて、驚くほど負担は減るものです。誰しも、経験上分かってはいるのですが、やはり初回の辛さを体験すると、心が逃げ出してしまうことはあります。

初回であっても、辛いのは今だけ、やればやるほどラクになってくると信じていると、若干ハードルが低く感じられるものです。

初めてとりかかるときは、「力みすぎない」ことです。自分に期待しすぎない、求めすぎないことが肝心です。とにかく一通り終わらせてみて、早めに全体像をつかんでみる。そして、だいたいこういうものかと把握した上で、後からクオリティを上げるようにする。

物事には質と量があり、予測できない不安にさいなまれる初回は、質にこだわるよりも早く「量をこなして慣れてしまう」ことです。

論文や文章を書くときに、あまり力みすぎると最初の一文が書けず、まったく先に進まなくなってしまいます。私自身、一年間まったく文章が書けない時期がありました。大学院生のとき、初めてワープロが導入されて、とりあえずこの辺から書いてみよう、途中のこのブロックからスタートしようということができるようになりました。後から編集作業が簡単にできることで、原稿用紙を一マスずつ埋めていくほどの緊張感はなくなりました。そのため、スピードも生産性も格段にアップしました。

問題集を解くにしても、全部正解するぞと意気込みすぎて、結局二割くらいしか終えられないということがあります。それよりは、一回目はわからなくて当然、あまり深く考えずにわからなかったらさっさと答えを見てしまおう。二回目にしっかり覚えればいいやくらいの気持ちで、最後までたどり着くことの方が重要です。

受験生たちは、制限時間内に一〇問あったとき、残りの三問くらいを残したまま終わってしまいます。とりあえず最後まで行ってしまうことで、後からフォローしていくという進め方ができません。

初回なのですから、できるかできないかよりも、経験値を得ることが第一目的と考えた方がいいのです。**物事に当たるには、才能やスキルよりも、経験値の方が重要であり、初回というのは、最も経験値の貯まるところなのです。**

ほとんどの仕事においては、天才的な才能を要求されることはありません。要求する側もされる側も、一定のレベルのもとに仕事をしているからです。だから、才能よりも経験値で計られるわけです。以前手がけた仕事を見せてもらって、だいたいこんな感じの仕事をするんだなとわかった上で、依頼をする。

初回で苦しんだ結果得た経験値で、二回目以降がスムーズになるのです。

教師という仕事も、一年目はとにかく大変です。一から授業を作り、プリントを作り、全てをやらなくてはなりません。その分二年目は、一年目の経験を活用して授業を回していくことができます。一年目をベースに、新たなことを追加したりアレンジしたりしながら、無意識に回していくことも可能になるのです。

料理が得意な人は、素材・調理法・調味料などの組み合わせで、オリジナル料理をいくらでも開発します。経験が豊富であればあるほど、組み合わせのパターンは増えていきます。音楽家の坂本龍一さんも、いくらでも作曲できるというような話をしていました。組み合わせの原理をつかむと、無限に作れるのです。

初めの一歩を突破すると、経験によって材料が増え、ワザが増え、作り出すことに苦労が必要なくなります。そして、八、九割の経験値を活かしながら、二割くらい新たなチャレンジを組み込みつつ、無意識にできることも増えていきます。

寒い日に、窓を開けて換気をするとき、大きく開けてしまうと一気に室温が下がって寒くなってしまいます。室温が下がりすぎないように、少しずつ窓を開けて新しい空気と入れ替えていく。そんなイメージです。

慣れていることをするのは、それほど疲れません。意識せず、気づけばできているようなことです。未経験だからこそ、疲れるのです。

経験値こそが財産、そう思って初回を乗り越えることです。

人間関係に割くエネルギー量は

新しい場で新しい人間関係を作ろうとするとき、はじめは気を遣ったり時間を使ったりと、結構骨が折れるものです。それは永遠に続くわけではなく、通過儀礼みたいなもので、そこを通り越すと場の一員として受け入れられ、自分のペースを保てるようになります。

人間関係を作るための一つの山を、避けずに乗り越えるということが必要です。

私が明治大学に就職したときは、文学部所属の教員は全部で一〇〇人くらい、よく皆で集まって飲みに行く習慣がありました。私も一年目でしたので、結構な勢いでお酒を飲んだ記憶があります。こちらとしては全員が初めての方なので、名前を覚えるだけでも大変。自分よりもはるかに年齢の高い方たちも多いので、普通以上に気は張ります。

それが一年も経つと、関係性が温まってきます。廊下で会って挨拶できる人たちが増え、ここに自分の居場所があると感じられるようになりました。
居場所があるという所属感は、とても大事なことです。
気心が知れて、挨拶し合える人たちがいるというのはホッとします。

ある程度の関係が構築できれば、あとは慣性の法則に従って関係は続いていきます。そのために、最初の踏み込みが必要なのです。それがないと、いつまで経っても冷たい距離感が残り、精神的に疲れてしまいます。結果的に、人間関係に割くエネルギー量が多くなってしまうのです。

友人・知人関係は、自分の資源です。だからといって、無闇に増やせばいいというものでもありません。最小単位で考えるなら、関係性の異なるタイプ三人がいるといいでしょう。三という数字は、中国では多いことを表す数字です。
三つのタイプを象徴的に色分けすると、赤・青・緑というところでしょうか。

一つめのタイプは赤。

常に密度の濃い付き合いをしていて、重要な話のできる人。

二つめのタイプは青。

共通の目的や興味の対象があり、必要に応じて会う人。共通項があるという点で、重要な存在です。

三つめは緑。

普段はあまり会わないけれど、ふとしたときに思い出す人。リラックスできる人。ちょっと変わっていて面白いと思う人。

この三タイプの友人を大切にしておくと、バランスがよく充実します。もしこの中の一人とうまくいかなくなっても、あと二人はいますし、その間に別の人を捜し当てればいいのです。

ただし、何かしらの目標を持ったときは、今までの生活とはエネルギー配分を変えなくてはならないことがあります。新たなチャレンジをするときには、時間が余分に必要になります。少々危険なワザではありますが、集中して勝負をかけるための準備として、人間関係を整理するということがあります。

あまり整理しすぎてしまうと孤独感にさいなまれることになるので、そういう意味では危険と隣り合わせなのですが、中途半端な関係性を思い切って断ち切るのが必要な時期もあります。

人間関係こそが資産であり生きる目的そのものであるという考えもありますので、一概に良策とは言えませんが、人生の節目には踏ん張り時があります。その時にもしコミュニケーション関連でエネルギーを浪費していたら、その浪費分を整理するのです。

今はコミュニケーションツールが多様化し、メールを気にしたりツイッターを気にしたり、エネルギーの漏電が起こっています。そこをあえて断ち切ってみるということ。

一定期間、外国に行ったと思えばいいことです。親しい人たちには、この期間は連絡が取りにくくなるということを伝えておけばいいのです。もしそれができたら、一回り大きくなって戻って来られるはずです。

今はこれに集中する時期と決めて、使う時間を集中させていくということです。

単に時間を食われるだけのようなエネルギーの使い方はもったいない。それならば、その時間を今やるべきことに回すことで焦りや不安など負のエネルギーをプラスに転化させる方が、断然生産的です。

少しクールすぎるように思われるかもしれませんが、人生の節目をしっかり越えて、次のステージを作っていくことは、人生全体から見ると大きな意義を持ちます。

そのための限定的な時間の使い方という視点で、人間関係の整理ということを考えてみてください。

採算を度外視して人生の糧を得る

よく「人生の糧」と言いますが、糧とはもともと食糧のことで、人間が生きていく上で必要かつ重要な食べ物という意味です。人生の糧というときには、人との出会いであったり本であったり、何か切実な感じや実りの多さという意味合いが含まれます。

日本には古来から言霊信仰があり、言葉にはその言葉の持つ力が宿っていると言われています。「糧」という言葉をあまり使ったことのない人もいるかもしれませんが、使いこなせるようになると、人や本との出会いが糧になるという感覚がつかめるようになります。

「人生の糧になった」という言い方をすることで、さらにそういう出会いを引き寄せ、また積極的に見つけられるようになると思います。

現代のような情報社会では、自分の身体感覚や生命体として生きる感覚によって情報を選択していかない限り、薄っぺらいところに流されていってしまう危険性を感じます。大量の情報を上手に消費してそこそこ楽しんだけど結果的に全く糧になっていない、自分自身を豊かにしないような過ごし方がありうるのです。

例えば、スマートフォンのアプリの充実度はまさに危惧するところで、技術的には今後ますます発達するでしょう。いつも手元に置いておけて他の機材は何も必要なく、その中にすべてが収まっています。アプリをいじっているとそれだけで一日を過ごせます。便利なようですが、その中に人生の糧となるものを見つけるのは、難しいでしょう。

糧となる出会いは、影響が強い分、自分が侵食されてしまう危険性も孕んでいます。人との関係では、思い通りにいかなかったり誤解が生じたり、面倒な部分も多くあります。恋愛などは最たるものですが、実は面倒なことの中にこそ糧があるのです。

糧を得るには、単なる消費とは異なる情報処理の仕方が求められます。また糧を得るために、自分の時間や自由を犠牲にせざるをえないときもあります。近道をしたり楽をしたりする方法がたくさん用意されている中で、根性をもって工夫して当たらなければならない経験です。

五年くらい前に、近所に新しいカフェがオープンしました。サーフィンをテーマにしたカフェで、店長が同じ姓の斎藤さんという男性。彼はとても感じの良い人で、この人がいるから行きたくなると思うような人です。

斎藤さんは開店前から夜中まで働いていて、忙しいのに関わらず一日中感じがいい。自宅が茅ヶ崎あたりにあり、毎日始発で通い終電で帰るような生活。

オーナーだと思っていたら、チェーン店の雇われ店長だということでした。見る限りではそんなに身入りがいいとも思えず、それなのによく頑張るなと思っていました。

あるとき話を聞いたら、ゆくゆくは地元でカフェを経営したいという目標があって、そのためにこの店で二年間店長として働くことで、カフェの料理や接客、運営について学ぶのだと言っていました。二年間は、糧を得るための期間として、時間も給料も度外視して頑張ると決めたのだそうです。

斎藤さんが辞めたあと、だんだんとお客さんが減って、結局そのカフェはつぶれてしまいました。後の人が悪かったわけではありません。

「糧を得るため」と決意してやっていた斎藤さんが良すぎたのです。

もらう給料がこのくらいだから、このくらいの働きでと考えると、まあまあの仕事はできますが自分の糧は作れません。**糧にするためには、「持ち出しをする」というくらいの感覚が必要なのです。**

糧を得ようとせず普通にしているだけではずるずると流されていってしまうのですが、そういう人生を肯定するなら、それはそれでありです。

ですが、そういう人生を皆が皆納得して引き受けているようには思えません。

人生の糧を得てきていない人に対して、社会はそれなりの評価をするわけですから、もしかしたら社会の評価というのは昔よりも厳しいといえるのではないでしょうか。

何かを選択するときに、快不快ではなく「糧になるか否か」を基準として持つことで、経験も結果も変わります。流行っているから選ぶ、みんながやっているから選ぶのではなく、自分の実存をかけて選択する。

糧を増やすには、糧自体を選択基準にすることです。

努力と才能で勝つ

恋愛においては、昔から男性には、持って生まれた容姿以外で勝負するという一種の社会的ルールがありました。

リビドーと呼ばれる根源的な性的エネルギーが昇華されることで、文化的・社会的努力のエネルギーに変換され、様々な分野で成功を収める人はたくさんいます。容姿で勝負せず（あるいはできず）、努力の結晶としての類まれな才能によって、財力や社会的地位を得ることが、男の甲斐性でもあったのです。

モテたい一心で、ミュージシャンになったり料理人になったり、建築家になったり、スポーツ選手になったり。成功した暁には、ものすごくモテるようになっていたという人たち。そのためにオスは生物界で強く、社会の発展に寄与しているのです。

そのプロセスこそが日本社会を押し上げてきたともいえるわけです。

だから、女性が男性の甲斐性、財力や学歴や地位に魅力を感じるというのは、必ずしも間違ったことではないのです。お金や肩書きに惹かれる女性は、計算高いとか不誠実だという議論は、社会学上当たってはいません。

男性の努力の結果を女性が評価する、女性の評価を求めて男性がさらに努力をする。これは社会が発展する一つの過程です。

もし、女性がイケメンばかりを好きになると、社会は衰退します。イケメンは、持って生まれたままの状態でモテるので、過分な努力が必要ありません。男性が努力をやめてしまうと、社会全体のパワーはダウンします。

女性が男性の顔立ちにこだわる比率が高くなると社会としての推進力は低くなり、男性の努力の成果にこだわる率が高くなると、社会は発展する。これは、社会的観点からの一つの見方です。

恋愛はもちろん大事ですが、国や社会の維持といった観点から見ると、結婚の方が重要です。日本は、恋愛がなくても結婚できる「見合い」というシステムを長い間行ってきた国です。結婚できるか否かが、人生の大きな問題だったのです。

恋愛でモテるかどうかではなく、結婚生活を続けていける人格であるかどうか。このことに焦点がしぼられます。

目指すべきは、結婚できて、結婚生活が続けられる人間です。

かつての日本の各家庭では、男でも女でも、結婚してやっていける人格として鍛え育てていたので、ある日突然見合いして結婚という流れにも、十分に対応できてきたのです。

結婚ができて、結婚生活が長く続く。社会としては非常に安定しています。

今、離婚率が高いのは、もちろん大前提として相性がありますが、結婚生活を維持する人格が成り立っていない者同士が結びついたという要因もあると思います。

より自由度の高い結婚生活を求めるがゆえに別れやすくなったということもありますが、基本的に許容範囲が狭い者同士が結婚すると、離婚する確率が高くなります。

結婚には、相手や物事に対する寛容度が必要です。互いが寛容であればあるほど、長期的に結婚生活が営まれます。

恋愛の延長上に結婚があるという考え方も間違ってはいませんが、基本的に恋愛と結婚は、求められる能力が全く別です。

恋愛中は良くても、結婚するとダメになるケースは多くあります。結婚してやっていける人なのか、互いに寛容さを保てる人なのか、そういう観点を含めて相手を見ていくと、先の展開もすっきり分かりやすくなるかもしれません。

身体の調子を整えると心が回復する

最近の若い人たちを見ていると、自分の心に関わる時間が長いように思います。メールにしても電話にしても、身体を経由せず心でやりとりをしているわけですから、そう考えると、一日の大半は心に関わっているといえます。

心の落ち込みをどうするかという前に、心に関わる時間を減らし、身体に関わる時間を増やしていくということが必要です。

心の調子を良くするのが大変でも、身体の調子を整えると心が回復することがありま

す。**身体の調子がいいときには、落ち込んだ心でいることの方が難しいからです。**

身体に関わって、身体を快適にする。

そのためには、一日二四時間を一つの輪として考え、その三分の一くらいは身体に関わる時間にするのです。そこの時間をちゃんと使わなければ、一日の「輪」が回らないというふうにします。

身体を快適にするためには、身体を温めることが有効です。

よく、お風呂をリラクゼーションタイムに活用している人がいます。三〇分くらい半身浴をしながら、雑誌を読んだり音楽を聞いたりする。身体をいい状態にケアすることで、心の落ち込みから回復できます。

また、汗をかくと気分がすっきりします。走ってもいいですし、走るのが面倒なときはサウナで汗をかくだけでもいいです。**すっきりするというのは、生命の根源に関わることであり、心よりもっと深いところの快適さにつながるからです。**

手に飲み物を持つ場合、冷たいものを持っているときよりも温かいものを持っているときの方が、気持ちが寛容になるという実験がありました。手足が冷えていると寛容になれないので、なるべく温めた方がいいのです。

手足の冷えに、女性は敏感ですが、男性はあまり関心を持ちません。足湯などは思った以上に心と身体に効果のあるものなので、男性もやってみるといいと思います。

そもそも原始時代に辿ってみると、身体の冷えが最も重要な問題でした。家を建てるのも、服を着るのも、物を食べるのも、すべて身体を温めるために工夫された行為です。

身体を温めることは、生命体としては心よりも緊急性が高く、温かさが確保されることで得られる安心感も大きいのです。

私自身も、冬に心が落ち込みがちなのは寒さが原因だと気づいてから、寒さ対策にお金を使うことを厭わなくなりました。カイロや保温効果のある下着など、今ではいろいろな防寒用品があります。

寒さから解放されるということは、一年のうちの四カ月間体調が良くなることなので、心にも仕事にも良い影響があります。

また、すぐに身体を温めることができないときなどは、手の指を伸ばすストレッチも効きます。指を外側に反らせて伸ばしながら、息をフーッと吐いていく。指に神経を集中させ、一本ずつゆっくりと順番に伸ばしていくことで、指先がジワーッと温かくなります。温まると結構気分が落ち着いてすっきりすることがあります。

心が落ち込んだ場合、もちろん根本的な解決は心を回復していくことにありますが、意外に、身体からのアプローチによって、「心のデフレスパイラル」を抜け出せることがあります。心より身体に関わる時間を増やすだけで、解決できることもあるのです。

第四章

Chapter 4

心を強くする

読書で心を鍛える

高校三年で大学受験に失敗し、故郷である静岡から一人で東京に出ることになりました。目標としていた東京大学一校しか受けなかったので、そこが落ちたら当然浪人です。一発勝負しか考えておらず、「保険」をかけるというのは意に沿わなかったのです。

浪人して自分にとって大きな問題だったのは、「理想と現実の乖離《かいり》」ということ。それは、学力が目標大学に届かないというだけのことではなく、もっと根源的な問題でした。

高校生であった時分には、現実というのはそんなに重くのしかかってこないわけです。自分への評価といっても、テストが何点で成績が一〇段階でいくつ、模擬試験の偏差値がいくつかといったことで、それは家庭や学校、あるいは地域といった小さな共同体の中で行われている評価であり、世間や社会に広くさらされるということはありません。

浪人して東京に出てきたとき、社会から評価もされず受け入れてもらえていない、自分という存在の不確かさを痛感しました。一人でアパートにいて、一人で牛丼屋に行って牛丼を食べている。誰も自分のことを知らないし、どんな人間であるかも知らない。

地元の静岡にいたときは、親や親戚がいて、学校は進学校であり、そこには先生や仲間がいます。どんな人間でどんな能力があってという、自分の「前提」に対する共通理解があり、存在を支える後ろ盾もありました。

でも、東京にはそれがまったくありません。自分では、浪人したものの誰よりも高い志があり、価値の高い仕事を成し遂げる能力もあると思っているのですが、周りの人からは「牛丼食ってる浪人生」としてしか見られません。

御茶ノ水にある予備校に通うのに、その手前に神田川が流れていて、毎日橋を渡っていました。橋の上で神田川を眺めながら、人生の「通行止め」をくらったような感じがしていました。

高校を出て大学に入り、裁判官になる「理想の道」が明確になっていたにも関わらず、そこから先に進めない。次のステップに進むことができず、一年間同じところでストップさせられているわけです。それが一カ月やそこらなら我慢もできますが、一年間です。一年間、また高校のときと同じ勉強をしなくてはならない。これはさすがに長いだろうと思いました。

自分という存在が受け入れられない、前に進みたい気持ちがありながら進めない、そんな現実があるということを、身をもって知りました。

そんな理想と現実との乖離から逃げるべく、とにかく本を読みました。

高校の頃から本は読んでいたのですが、そのときはただ読むのではなく、自分の心の強さを鍛える読書です。

一番夢中になったのは、フランスの作家ロマン・ロランの『ジャン・クリストフ』。今考えると、浪人していながらそんなに長い小説を読んでいる場合ではないのですが。

主人公のジャン・クリストフの幼い頃から死ぬまでの物語で、ビルドゥングスロマンと言われる小説。日本語では教養小説や自己形成小説と訳されますが、人生の中でいろんなことに出合って、克服し成長していく物語です。

友情や恋愛、芸術や仕事など数々の要素が含まれていて、例えば主人公が病気がちの女性と恋愛するのですが、それを読んで「自分は体の弱い女の人が好きだな」なんて思ったりもしました。

理想と現実の乖離に悩み、この現実の中で自分はどうあるべきか、どう生きるべきかを模索していたときだっただけに、様々な人生の出来事に向き合う物語世界に耽溺《たんでき》することが必要だったのだと思います。

そして読書が、苦しい現実を突きつけられた自分の心を鍛えてくれたのだと思います。

一歩踏み出す方向で結果は違ってくる

最近、パワースポットと言われる場所がブームになっていますが、そこに行けばパワーがもらえる、パワーを与えてもらいたいという感覚には違和感があります。

私自身、自分の中の隠れたパワーを引き出すことに興味があり、色々な修行や呼吸法などを体験してきています。これは身体によってパワーをつかみとることであり、深いところに潜む可能性に気づくという点で主体的な行為だからこそ本当の力を得られるのです。

高校生のとき、吉川英治の『宮本武蔵』を読みました。その中で、武蔵が一瞬神仏に祈ろうとするのですが、止めておくという場面がありました。神に祈ることによって自分が勝負する気持ちが弱くなる、心の修行をしている身だから、神に頼らずに強くしていくという考えです。

頼るものは自分だけというのは、武蔵が戦うときに得た実感なのでしょう。

だからといって、武蔵は宗教心がなかったわけではありません。仏のような彫り物を作ったり、空《くう》を追求し、レベルの高い悟りの世界に邁進した人です。

そもそも仏教は、唯一神を設定していません。自分で悟りを得る宗教です。悟るというのは、何物にも迷わされない、すっきりとした頭や身体であること。無の境地に至るというのも、自分で獲得する精神のワザのようなものです。

仏教を信仰するといっても、何かを与えてもらうことではないのです。

パワーを与えて欲しいというような「おねだり主義」では、ワザとして身に付くことはありません。身に付くことがあるとすれば、おねだりをするという行為だけです。

例えば、同じように思われるかもしれませんが、念仏を唱えるというのはおねだりではありません。唱えるだけで極楽浄土にいけるという発想なら他力本願ですが、念仏を唱えることによって悩みや執着に満ちた頭の中をすっきりさせるということであれば、他力ではなく自力です。

自分で行うことや身に付いたワザではなく、未来が見えるという人の言葉を鵜呑みにしてしまうのでは、本質的な解決になりません。

たまたま訪れたところが森のような場所で、そこに行ったことでスッキリしたというならいいのです。しかし、ここが効くと聞いたから行ってみようというのは、イベントとしてはかまいませんが、本当の意味での心の修行にはなりえません。

より一層心が弱くなる方向に進むのか、心が強くなる方へ進むのか。一歩踏み出す方向によって、結果は随分違います。

唯一神を設定しないという点で、仏教は、心の世話を自分でできるようにするものとも考えられます。心の世話とは、例えば忘れたいのに忘れられないことがあるとき、「忘れさせてください」と頼むのではなく、忘れられない心をポジティブに変化させていくワザを身につけるということ。

無理矢理忘れるようにするのではなく、忘れられないことを逆手にとって、「絶対に忘れるものか」「二度と同じことをしないようにしよう」とその経験を糧にすることもできます。また、イヤなことを心から遠くするために、敢えて旅行をしたり仕事を忙しくしたり、映画を立て続けに観たり、いろんなことをやってみて、「思い出さない」時間を増やしていくと、自然に遠く感じられるというのもあります。

自分で自分をなんとかしようという、心の世話の技術です。

詩人の茨木のり子さんの詩で、『自分の感受性くらい』という作品があります。

自分の感受性の鈍さが引き起こした出来事を他人のせいにするな、「自分の感受性くらい自分で守ればかものよ」と自分を叱咤する詩です。

傷つきやすさを自分のアイデンティティにしてしまうと、どんどん辛くなって自力で成熟できなくなってしまいます。

そして、他人や外部にある何かからパワーを与えてもらう、癒してもらう、予言してもらうといった「おねだり主義」では、いつまで経っても自分の心を世話することはできません。自ら気づきを得て手にすることが重要なのです。

人生の核を作る体験を持つ

学生たちにもよく言うのは、勝負どころできちんと勝負をするということ。学校教員を目指す学生たちを教えているのですが、当然ながら教員採用試験に合格しないと公立の教員にはなれません。東京都の学校に就職したい場合は東京都の採用試験に通る必要があるのですが、競争率も高く狭き門です。

ですが、現行制度では、採用試験に一度通ればずっと教員の仕事が続けられるため、その採用試験こそが勝負どころなのです。

試験に通るのは確かに難しい。だからこそ、エネルギーと時間を大量に注ぎ込んで勝負すべきなのです。私は一日一〇時間以上、後がないと思いながら集中して毎日勉強することを勧めています。ですが、やらない学生の方が多いのです。そんな中で実践した学生は、希望通り東京都に就職していきました。普通は二年かけてこなす問題集を一週間で終わらせるスピードでやったりして、一度倒れたそうですが、目標は達成できました。

やった方がいいと頭ではわかっていても、実際に大量の問題集を買い込んでひきこもって勉強しますというふうにはならない人の方が多いのです。

でも、そういう人たちに感じるのは、自分に本気で賭けていないんじゃないか、自分に対する賭け金が低すぎないかということです。自分の人生なのですから、自分に全財産賭けるのが当然。全財産を賭けているからこそ絶対に外せない。真剣に勝負をしなくてはという気持ちが芽生えてきます。

勝てるといいなぁではなく、絶対に勝つという思いが必要なのです。

勝負どころで勝負するという集中力は、人生の中で一度は体験すべきだと思います。要所要所で質の高い時間を過ごす人は、チャンスをつかむことができます。そうでない人は、不安の中にいたり中途半端な自信を持っているだけで、チャンスが来たとしてもそれをつかむ準備ができていないのです。**もちろん、努力したからといって必ず評価されるとは限りません。ですが、注いだ時間とエネルギーは裏切りません。集中力を大量に注ぎ込むと事態は変わると信じること、すぐには変わらなくても必ず自分に返ってくると信じること、そのメンタルタフネスが身につくようになります。**

ある調査で、社長の平均身長が意外に低いという結果がありました。認めてもらいたい、同じ土俵で勝負したいと思うからこそ、子供の頃から人より努力し続けてきたという背景があるのでしょう。

棋士の羽生善治さんがあるインタビューで、自分には闘争心は必要ないというようなことを言っていました。羽生さんは、将棋という勝負の世界で長い間戦っている人です。戦うのは戦うけれど、相手を打ち負かそうという気持ちは、自分には必要ないと言うのです。それよりも、後世に残るような棋譜を大事にしたい、今まで見たこともないような面白い局面の試合をしたいと言います。

勝つか負けるかという結果よりも、真剣に勝負ができればいいということでしょう。勝負の世界を追求し続けた果てに、勝ち負けではない世界が見えてくるというのは、その勝負に注いだ時間とエネルギーがあるからこそです。

私は子供の頃から、喧嘩でも何でも勝負には勝ちたいという思いが強く、力で勝てない場合は、最後は気合と根性で帳尻を合わせるようなところがありました。根性が金科玉条になっていて、根性のあるなしは、存在意義にも匹敵するような事柄でした。

当時は、勉強でもスポーツでも女の子に負けられないという風潮があって、男なら勉強ができて強くて当たり前。男はこうあるべきというのがモチベーションになっていました。今はそんなこともありませんが、勝負・根性の原体験にはなっていると思います。

今になって思うのは、勉強でもスポーツでも音楽でも、分野は何であれエネルギーと時間を大量に注いだ経験のある人とは話が合うと感じます。本気で勝負をかけてきた人とは、互いに引き合うのでしょうし感覚的に合うのです。

本気で勝負をするという核となる体験を持っているか否かは、生きていく上で重要な違いであると思います。

悔しさを恨みではなく自分のモチベーションに変える

年功序列、終身雇用が当たり前だった昔に比べると、今は、随分世知辛くなったと感じることがあります。男であれば、放っておいても結婚できた時代がありました。

五〇歳時の独身男性は二〇〇五年の調査では一五%ですが、一九六五年は、なんと一・五%です。今考えると驚くほどの既婚率です。

ですが、今はそんなことはありません。努力をしても結婚できない時代です。

そうなると、競争社会に参加し、勝たなければ生きていけないのかという疑問は湧きます。確かにそれは辛いことかもしれませんが、**競争を毛嫌いしていては、自分の身が不自由になります。**「悔しさ」だけが心を占めるような状態は、辛いものです。

だからこそ、「悔しさ」とともに、相手を「認める」ことが必要になってくるのです。

悔しさだけがあると、得てして嫉妬深くなってしまいます。自分の方が負けていると思うと同時に、相手の勝ちを認識しているからこそ悔しいのです。

悔しいという主観的な思いと、相手を認めるという客観性を両立させ、共存させることができると、自分の心を痛めつけることなく、モチベーションの高い状態に持っていけます。

サッカーの長友選手がイタリアのインテルに入ったとき、香川選手が言いました。

「本当にすごいと思う。そして、ものすごく悔しい」

香川選手自身も、サッカー選手としては成功していると思います。でも、彼の所属するドルトムントは、インテルほどのビッグクラブではありません。正面切って長友選手を認め、また自分の気持ちに正直に悔しさを吐露したわけです。

「すごいですね、頑張ってほしいです」ではなく、「悔しい」とテレビカメラの前ではっきり言う香川選手に、さわやかさを感じました。必死に人生をかけてサッカーをしているからこそ、悔しいと思うのが当然なのです。

そして、悔しさを長友選手にぶつけているわけではなく、自分自身に向けている。

悔しさを相手への恨みではなく、自分のモチベーションに変えているのです。

相手を認めることなくねたんだりひがんだり、「大したことない」などと言っていたら、自分がしぼんできます。

私自身、若い頃はとにかく「自分は優れている」という意識が強く、なかなか人を認めることができませんでした。付き合っている女の子が、芸能人をカッコイイと言っただけで、アイツなんて大したことないと言っていました。

今考えれば、ヨン様が流行った頃に「なんだ、あんなヤツ」とぶつぶつ言っていた亭主みたいなものです。だから、「人を素直に認める練習」をしました。あえて、人を認める発言をしてみるということ。見苦しい人間にならないようにと、練習しました。

もちろん、誰しも「自分の方が」という思いはあります。ある方が自然です。全然ない方が、おかしいくらいです。そんなときについ「アイツなんて」と言ってしまうのは、悔しさであり競争心です。

悔しさを持った上で、客観的な評価の尺度を持ち、自分よりある点において優れている人を認める発言をすることで精神的な余裕が生まれ、自分の器が大きくなったような気がするのです。

今の時代の人たちは、「悔しさ」よりもむしろ「認めること」が前面に出てくる人の方が多いかもしれません。それはそれで人間的な穏やかさを感じますが、バランスということを考えると、やはり「悔しさ」も必要だと思います。

教えている学生から聞いた話ですが、高校時代部活をやっていて、ある試合に負けたあと、ロッカールームでミーティングをしたそうです。そのとき、部員たちよりも監督が先に、「オレは悔しい！」と叫んだ。「こんな負け方して、悔しい！　お前たちは悔しくないのか！」と。

悔しさを隠しているのではなく、悔しさが湧いてこない人たちは、結構多くいます。勝ち負けに執着がなく、悔しさが希薄なんですね。悔しさという感情が育つ環境にいなかったのでしょう。

競争をし慣れていると、悔しさは強くなってきます。

だから、競争をし慣れない環境、兄弟は少ないし、学校に行っても同学年が少ない。今四〇歳手前くらいの第二次ベビーブームの頃の約半分です。一方で大学の数は増えている。大学進学率が五〇％程度なので、全員入学が可能。学生に「様」をつけて呼んでいる大学があるというのも、笑い話ではありません。

バランスということで言うと、人を認めることよりも、悔しさを習得する必要があるのかもしれません。自分のことなのに、負けても全く悔しさを感じられない人というのは、人間的にはある意味問題はないかもしれません。

悔しさを感じるような人は、面倒くさい人とも言えるからです。

ですが、理不尽な状況や不平等を強いられたとき、例えば何の補償もないまま突然職を奪われたときは、「正しい悔しさ」を感じられないと、そこから抜け出すことができません。間違った悔しさでは、責任転嫁して解決しようとします。

正しい悔しさを持つことが肝心で、いきなりクビを切られて悔しくないのか、馬鹿にされて悔しくないのかという、恨みではない悔しさを育てていくこと、悔しさを育ててくれる出会いをすることが必要なのです。

本当の意味で相手を認め、正しい悔しさをもって自分自身のモチベーションにしていく。そういうバランス感覚は、これからの人たちに必要な要素だと思います。自分を振り返ってみて、どちらか足りないものがあれば、意識的に練習してみてください。

書くという行為と心を鍛えることは、つながっている

時代とは逆行するようですが、手書きの文字に宿る肉体性というのが、活字全盛だからこそ重要であると思います。

パソコンで打ち出された活字では、書き手の思いやパッションが消えてしまいます。私という主体、あるいは私という肉体がなく、誰の文字でもありうる。そんな不特定性を帯びるのです。


文字の肉体性というのは、書かれた文字とその意味、書いた本人のパッションが一致しているような文字のことです。私は、大学を出てから無職の時代が続き、その間は情熱や意欲を発信することができず、内面に溜め込んでいた時期が長くありました。

まだ結婚前のことですが、あるとき中学校時代の先生に会って、果たしたい学問や将来の夢について、熱く語ったことがありました。語り合えたことが嬉しくて、興奮さめやらぬ中、付き合っていた相手に手紙を書きました。

その先生と話したことで、より具体的になった夢や、いかに私が高い志を持っているかについて、思いを込めて手紙を書きました。

内面の勢いが文字にも表れているほど、パッションに溢れていました。これはもらった方も感銘を受けるだろうと思い、送った後で彼女に手紙の感想を聞いてみました。

彼女は、「あんなに汚い字の手紙をもらったのは初めて」と一言。

「はぁ……。」人はそんなふうにとらえるものかと、拍子抜けしましたが、自分としては、エネルギーの有り余っている感じを文字に表してみたことで満足感はありました。

汚い字ではありましたが、その文字は、確かに私のパッションやエネルギーを表現できていたはずです。


最近書店でも、手作りのポップが効果的な販促ツールとなり、ベストセラーを生むケースがあります。もちろん、店員さんの思いや情熱といった肉体性が宿っていることで共感を得るのですが、今はほとんどの文字が活字化されているため、少数派である手書きが視覚的に目をひくということもあります。

活字の中に手書きがあると、そこに注目されやすい。だから学生たちにも、エッセイやレポートなどの課題では、普通に述べる活字部分と併せて、特別に注目してほしい箇所を手書きにすることをすすめています。

パソコンで打ったものをプリントして、そこに手書きを加えてさらにコピーをするということになり、少々手間はかかりますが、見る方としてはやはり目がひかれます。手書きがあれば、まずそこに反応する。手書きの部分から読んでしまいます。

活字は、整理された情報。

手書きは、その人らしさ、その人の心が表れていると感じるからです。

文字の巧拙ではなく、読めればいい。読みやすければ十分です。

ディスカウント店のドン・キホーテには、店内の商品説明ボードを書く専門の人がいるそうです。各店にその専門の人がいて、「ドン・キホーテ文字」とも言うべき専用の文字や数字を使って書いている。

字がきれいか否かではなく、とにかく読みやすくてインパクトがあるのです。

これも、思わず目をひきつけられてしまう文字です。意識的に見てみると、手書きの良さを活かしたものはたくさんあります。

私自身、アイデアを書き出すときは必ず手書きです。以前は、手書きにこだわっていて、論文なども全部手書きにしていたことがありますが、それだと修正や追加削除に時間がかかってしまい、生産性が上がりません。最終的には、アイデアは手書きにして、論文を書くのはパソコンという併用に落ち着きました。

先日、あるソフトウェア会社のプレゼンテーションを受けました。ｉｐａｄで使うもので、手書きのためのソフトでした。手書きのままで文字として認識することもできるし、それを活字に変換することもできる。

活字と手書きの併用によって、情報と心を同時に表現することが可能な時代に入っていくような気がしています。これからの本は、キーセンテンスが手書きになって入ることになるかもしれません。

手で書いた文字の価値を再認識する時期にさしかかっているのです。心と文字の関係を作りだす時期といってもいいでしょう。

文字を書くことによって、その文字の意味が自分に乗り移ってくるということがあります。元来、人の名前はそのためにつけられていたものです。人生の中で幾度となく書く自分の名前。「礼子」さんなら、名前を書くたびに礼儀を大切にしようという心が刷り込まれるのです。

書くという行為と心を鍛えることは、実は深いところでつながっているのです。

自分自身に刻みつけることで、意識は変えられる

思ったように現実が進まず、気持ちの行き場がないときには、自分の心情をノートに書く作業をしていました。「自分ノート」ともいうべきものです。

私が始めたのは高校二年生くらいのとき。父親から、ノートに自分の思いや目標を書く

といいと言われ、父とは仲が良かったこともあって、素直にやってみました。

今流行りのブログやツイッターのように、外に向かって発信するのではなく、自分のために自分に向けて書くのです。他人を意識してしまうと、その誰かに向けて書いてしまいますし、反応やコメントが欲しいというようなやりとりの関係に入ってしまう。

そうではなくて、一人の世界で自分のエネルギーを沈殿させていくというイメージです。

あくまでも、自分とのコミュニケーションなのです。

日記ではないので、毎日書く必要はありません。ただ、感じたときに感じたままを書く、日付を入れて書く、ノートを持ち歩いて時間も場所も関係なく書きたいときに書く。

私は週に二回くらい、家でも喫茶店でも書いていました。やりきれない思い、いかに生くべきか、自分はこうなりたい、時には怨念に近いような内容を書くこともありました。

後にそれを見直して、何かに活用するというわけではありません。**鬱屈した思いや、やり場のない思いを書き連ねることで、自分の心を掘って掘って掘って、資源開発をし**

ていたような気がします。

現実に対する不満や不安があり、なぜ自分が認められないんだと誰かに愚痴るくらいなら、それを自分に向けてノートに書き付けて、自分の問題として抱えていく。この辛さを誰かにわかって欲しいという思いでいると、実は心の弱さが助長されてしまうのです。

ノートに書いて自分自身に刻みつけることで、意識は変えられます。

幕末の人たちは、比較的文字が上手かったこともあり、書くことで自分を鍛えていたところがあります。書き写すというのも、一つのワザでした。

西郷隆盛は、佐藤一斎という儒学者の名言を書き写しています。佐藤一斎というのは、孔子の教えを基本にしつつ、名言を作るのが得意だった人で、『言志四録』という四冊の書物があります。「一灯を掲げて暗夜を行く。暗夜を憂うるなかれ、一灯をたのめ」というような名言が多数残っています。

西郷は、佐藤一斎の言葉に感動して、その中から一〇〇の名言をセレクトして書いています。自分の言葉のようにして、何度も書いている。それを西郷は、流刑地でやっているのです。木刀を振ったりする一方で、言葉を書き写す写経のようなことをしている。

引用というのは、言葉を借りてきて自分の文章に組み込むことですが、書き写すのは、何度も何度も手で書くことによって自分のものにするということ。座右の銘の練習です。

書物でなくても、例えば映画を見たときに、いいと思ったセリフを抜書きしてみるというのもいいでしょう。どんな映画でも、一つくらいはいい言葉があるはずです。

自分の思いを書き付けるとともに、抜書きをして自分の言葉にし、使いこなせるようにするというのも、自分ノートの活用法の一つです。

緊張度合いをコントロールする

練習のときはうまくいくのに、本番では緊張して実力が出せないという人が多くいます。

才能のあるなしに関係なく緊張はしますし、むしろ才能がある人こそ緊張してしまうものです。「緊張」が実力の発揮に影響する場合、実は二通りあります。緊張しすぎてしまうタイプと、緊張できないタイプです。

緊張しすぎてしまうのは、自分に対する期待が大きいケースと、相手へのリスペクトが大きすぎるケースがあります。

サッカーの試合などでは、「相手をリスペクトしすぎないように」という注意をすることがあります。というのも、対戦相手がイタリアやアルゼンチンなど強豪国のときは、試合以前に名前負けしてしまうことがあるからです。必要以上にリスペクトして緊張が起こるのです。

ビジネスでも、例えばプレゼンテーションする相手、上司やクライアントを過分に大きくとらえすぎないことが必要です。そのためには、ある程度場馴れしておくことです。場馴れするための方法として、私が授業でやっているのは、投票方式です。学生が順番に発表して、良い発表者に投票するというやり方です。これは、人前で恥をかくことについて免疫をつける練習になります。

自分に票が入らないと、はじめは動揺して傷つきますが、三日も続けていると恥は払拭できます。票が入っても入らなくても動じない強さが身につきます。

ベストを尽くしてもダメなら、明日もう一度さらにベストを尽くすようにしよう。そうすると、翌日は少し票が入るようになる。よし、また次頑張ろうというふうに、現実を乗り越えることができるようになります。

普通は、マイナスな指摘を受けると、心が縮こまってしまいます。ですが、自分の身を世間にさらすことに慣れてくると、平気になってくる。

大切なのは、自分の身をさらす場を増やしていくことなのです。また、人からやれと言われたことより、自分から進んでやると決めたことの方が、緊張が軽減するということがあります。

例えば仕事で、このプレゼンは多分自分に回ってくるなと思ったら、自分から手を挙げる。だいたい、場の空気で察することができますので、これは自分に来るなと思ったら、先に言ってしまう。それだけで意識が変わり、本番に臨む気持ちも変わります。

緊張しすぎる人がいる一方で、「緊張できないタイプ」もいます。

一見良さそうですが、実はこちらの方が問題は深刻です。神経が図太いと言われることもありますが、ここが本番、勝負どころというときに、ボーッとしてしまうというのは困ったものです。

なぜなら、今やるべきこと、今重要なことがわかっていないからです。

正装して行かなくてはならない場所に、普段着で行ってしまうようなもので、リラックスしているというより、空気が読めない、状況が把握できない、エネルギーのメリハリがないことになります。

緊張できない人は、他者の視点が内在化していない、他の人から自分がどう見えているかを想像することができない。社会生活を営む上で必須の能力が欠如してしまっていて、危険水域に陥っているともいえます。

そういう人は、自分で気づくことができません。もし周りに緊張感が足りないなと思う人がいたら、指摘してあげることが必要かもしれません。

緊張しすぎの人も、しなさすぎの人も含め、日本人全体に言えることですが、人前で話をする、プレゼンテーションするという状況に慣れていません。

大抵の人は、話が長すぎるか極端に短すぎるかで、設定された時間内に的確に話すことが苦手です。何かのテストでない限り、「本番」というのは書くよりも話すことが求められます。ですから、本番に強くなるということは、的確に話せるようになるということとイコールといっても過言ではありません。

そのためには、例えば一分間であるテーマについて話す練習をする。
一分で必要な情報を簡潔に伝える練習です。

任意のテーマについて、一分で収まるように、情報も整理して準備する。このくらいの量なら一分で伝えられるという前提で、材料を選定します。一分話したら、聞いていた人と質疑応答をします。一人で話すことと対話をするということの両方を鍛えるのです。

本来なら、小学校一年生から練習すべきことだと思いますが、日本はそういう教育が遅れています。時間を決めて、場を設定し、複数の人に言葉で伝えることは、緊張しすぎの人にとっては「慣れる」練習になりますし、緊張が足りない人には「緊張する」練習になります。いずれにしても、心の訓練は必要です。

本番でも練習でも、どちらでも同じようにベストを尽くすことができれば、心は強くなります。そのためにすすめたいのは呼吸法です。

まず三秒間で鼻から息を軽く吸い、二秒間止めて、一〇、一五秒間かけてゆっくりと口から吐き出す。吐き出す間に、結果の良し悪しを考えずにプロセスに集中する、今に集中するように心を整えていく。吐く息とともに、色々なことにわずらっている心も吐き出していくのです。呼吸に集中していると、今に集中できます。

今に集中できれば、心を無にすることができます。

結果や相手、自分への期待や不安などを脇に置いて、本番を迎えた今の自分に集中することで、適度な緊張感とリラックスした状態が得られます。

本番に強くなるためには、心を強くすることが大切です。

理不尽さを前提に物事を考えるところがスタート

理不尽さについて考える前に、基本的に理不尽な環境は誰に対しても襲ってくるものであるということ、理不尽さは常に起こっているものだという前提に立つことが必要です。**何か論理的な理由があって発生するわけではないのが理不尽というものです。その上で、個人的な人間関係から起こる理不尽なのか、組織的・構造的な理不尽なのかは見極める必要があります。**

ある特定の個人がもたらす理不尽は、何かしら対処法を考えなくてはなりません。職場の上司に多いケースですが、往々にして理不尽な相手というのは、権威主義・権力主義的であるものです。一から一〇までその人の言うとおりにしないと、敵対的な態度を取ってくるという人。私も経験がありますが、そういう人には、朝貢《ちょうこう》貿易的な、貢物を捧げて恩賜を得るという方法が有効です。

とりあえず表面的にでも近づいて、「気を遣う」という貢物を捧げることで「権利」という恩賜を得る。相手の気分をとりなして、お前は自分のポジションで好きなようにやっていいよというお墨付きをもらう。ある程度の自由度が得られるようになると、だいぶ違います。

大切なのは、自分から接点を作りに行くということ。

イヤな上司から飲みに誘われると、たいていは断りたくなります。誘われて、断るのを二回くらいすると、すぐに関係性は悪化します。私もそうでした。そこを割り切って、あえて自分から懐に飛び込んでいく。それによって、相手の攻撃力を弱めることができます。

たまに、中途半端な距離感を保っている人がいます。相手から離れてはいるものの、思い切った距離をとっているわけではなく、相手の手が届くところにいるというケース。

これは、どうにもできません。だったら「虎穴に入らずんば虎子を得ず」で、思い切って一度くらい自分から距離を縮めてみることです。

自分の環境を良くする、ストレスを軽減するための方法と思ってください。

もう一つの方法は、個人的な付き合いは一切せず、事務的なレベルで密に関わりながら、言葉使いを完璧に丁寧にして敬意を示すということ。

プライベートで飲みに行ったり近しい関係を持つのが難しいという場合は、仕事などのオフィシャルな場で頻繁にコミュニケーションを持つこと。「報（告）・連（絡）・相（談）」の「ホウレンソウ」というのは、私はどれも同じことのように思いますが、これこそ理不尽な上司に後から文句を言われないようにするための言葉です。

「お前はうるさいから、自分の好きなようにやれ」と言われるくらい、感情とは別の事務的なコミュニケーションを緊密にします。とんでもなく感情が悪化して決裂するケースは、イヤな相手だからと報告も相談もまったくしなくなるところから起きるのです。

もちろん、理不尽でイヤな相手とは関わりを少なくしたいに決まっています。ですが、会社のような組織の中にいれば、少なくするには限界があります。

理不尽ではないにしても、相性の良くない人はいるものです。そういう人にも、先手必勝でこちらから話しかけてみた方が、後々ラクになることはあります。

構造的な理不尽の場合は、その場から抜け出す必要があります。

教え子の中に、就職した先がいわゆるブラック会社だったケースがありました。毎月毎月給料が減っていき、ついに支払われなくなったといいます。

こういう場合は、関係性の改善などでは解決できません。次に転換する準備をいち早く進めるべきです。教え子はそこから脱出して、今は幸せになっているので安心しました。

また、理不尽だと思い込んでしまうことというのもあります。例えば、与えられた課題のハードルが高すぎて、その上それが自分の性に合わないことである場合。

自分の性に合うことであれば、かなり厳しい負荷をかけられても耐えられるのですが、性に合わなかったり苦手なことである場合、理不尽だと感じることがあります。誰にとっても理不尽であるわけではなく、自分には理不尽と感じられてしまうこと。

そういう場合は、正直に伝える必要があります。

理不尽だと思ってやらないでいると、他の人と比較してさぼっているように捉えられることがあるので、きちんと相談します。課題が厳しいのはいいけれど、この内容ではなく別のことで努力したいと。

例えば人と話すと緊張してしまって営業が苦手な人が、新規開拓営業のノルマを課された場合、営業ではなく営業管理の方でがんばりたいというように、努力自体を拒絶するのではなく、努力内容の代替案を出すのです。それによって労働環境を改善していくことができます。


昔は「地震カミナリ火事親父」という、理不尽のラインナップがことわざになっていたくらい、理不尽に溢れた社会でした。親父は理不尽さの象徴で、天災と同じようなものでした。今は、理由がないと我慢できない時代。モンスターペアレンツの主張も、自分の子供がされることには理由がないといけないというのが根っこにあります。

ですが、その考え方は自己中心的な人間を増やすことにもつながってしまいます。自分が考える正当さは、自己中心的な視点から生まれるものでもあるからです。

まず先に、世の中は理不尽なものなんだという命題に気づくことが必要なのではないでしょうか。

視野を広げて考えると、景気も理不尽なものです。
政治が悪い、首相が悪いと言っているような経営者は、遅かれ早かれダメになります。
景気も理不尽なものであり、だからこそリスクヘッジをしておく。

理不尽さを乗り越えるためには、理不尽さを前提に物事を考えるところがスタートになるのです。

第五章

Chapter 5

ポジティブに変換して突き進む

設定した願望に自分を合わせていく

どのように自信を持つかというのは、生きていく上での大きなテーマの一つでもあります。もちろん性格的なものも関係してきますが、自信には現実というのが強く関わっています。

私自身のこれまでの生き方を考えてみても、自信と現実がいつもせめぎあってきたように思います。私の場合は、「自信を先行させて現実を作っていく」という方法を取ってきました。というのも、現実を根拠に自信を持っていくというやり方では、現実次第で自信の持ち方が変わってきます。

現実がうまく回っているときはいいけれど、現実というのはいいように回らないことの方が多いのです。そうすると自信を失い続けてしまい、自信がないから次にチャレンジできないという、負のスパイラルに入り込んでしまいます。

だから、現実から自信を得るのではなく、自信に現実を合わせていくのです。

大学受験などでも、この考え方の違いで取り組み方が変わります。

大抵の場合、例えば高校三年の模試で偏差値が50だったから、それに見合う大学を受験しようと考えます。目指していた大学の偏差値に届かないから、受験校を変えてしまう。

なんとなく大学に行かなきゃ、受験勉強しなきゃと思っている人は、「なぜ大学に行くか」と自分に問う「基礎工事」をしていないので、その時点での実力、つまり現実に合わせて目標を変え、自信の持ち方を変えてしまうのです。

その方が現実的といえばそうかもしれませんが、私はそうは思いませんでした。

もし偏差値を50から60に上げれば入れるとしたら、その努力をしてみればいいのです。今は無理かもしれないけれど、この先も無理なのかどうかは、そこの努力を本気でしてみないと誰にもわかりません。自分で行きたいと思ったところに、実力を合わせていく方が、長い目で見れば現実的だと思います。

今の自分の実力に合ったところを選ぶというやり方を続けていると、自信というのはできにくいでしょう。いつまで経っても「今の自分」のままだからです。

自分の願望をしっかり持って、そこを目指して努力をし、時には無理なこともやり、時には失敗しながら願望を達成できたとき、自信が持てるようになるのです。

自信があるからチャレンジするのではなく、願望を持つことでチャレンジするから自信が生まれるのです。

ここで言う「願望」は、「夢」とは微妙にニュアンスが違います。

よく「夢を持ったほうがいい」という方がいますが、その方たちは往々にして夢が叶っている人たちなんですね。そう考えると、夢と言っても雲をつかむようなものではないとは思いますが、私自身はちょっと違和感があります。

「願望」は、「自分はこうしたい」という思いの強いものであり、「これをするために、これをしなければ」という具体的な目標も含んでいます。

夢は、実現できなかったからといって勝ち負けがあるわけではありませんし、責められもしません。でも願望は、「自分はこうしたい」と決めたことに対して、できたかできなかったかの勝ち負けがはっきりしています。**設定した願望に対して自分を合わせていく、合わせられなかったら負けるという、勝負の世界に身をさらす潔さみたいなものがあるのです。**ただし、願望を持ち自信を先行させていく場合、正しい読みができているかというのが重要になります。

この道を進み、達成していくという選択肢は、自分にとって正しいのかどうかという検証なり読みとセットである必要があります。

私は、学部は法学部に入りましたが、大学院は教育学を専攻しました。教育学の研究者になる道を選んだわけですが、修士論文も博士論文もなかなか通らず、大学院に八年間在籍し続けることになりました。

結局、三〇歳を過ぎても職がなく、一円も稼げない学生のままで生活に困窮する事態になりました。

大学院に進む時点では、よくよく考え抜いて決めたことであり、決して間違ってはいなかったと思いますが、オーバードクターという可能性があるということ、職が得られない可能性があるということ、そういう危険性のある選択肢であるということを予想せずに進んでしまったのです。願望も自信もあったのですが、「正しい読み」ができなかったのです。

学生時代のことを振り返ると、読みの甘さがずっとついて回っていて、大丈夫だろうという気持ちで進んだものの実際は全く大丈夫ではなかったというように、ずいぶん痛い目に遭っています。

願望を持って自信を先行させ、正しい読みで進む道をとらえ、現実を引き寄せるための勝負をする。これも生き方の一つのスタイルといえるでしょう。

一日一〇時間を越えたらイヤなことでも好きになる

受験生のとき、大学というのはあらゆる教養にあふれていて、学んでも学んでも学びきれるものではないと思っていました。

だから大学入試に受かったとき、こんなに受験で苦労して入る大学なんだから、入ったらさらに大変な勉強が待っているだろうと思ったわけです。そこで、友だちと二人で三月に勉強合宿をしました。これは、三月という時期がポイントなのです。

怒涛の受験勉強が終わって結果が出て、入学するのは四月から。三月はまだ勉強の勢いが残っているのにやることがない。だからこの時期に大学の授業のために勉強をしたのです。

教育学・心理学・社会学などの基礎知識が書かれた本が有斐閣から出ているのですが、それを買ってきてテキストにし、アパートの部屋で勉強しました。

大学の授業で使う本で、大学院受験のための内容だったのですが、受験勉強にはない科目でしたし、受験勉強からの開放感もあって、積極的にエネルギーを注ぐことができました。

四日で一冊を終えるくらいのペースで進めていくと、一日一〇時間くらい勉強することになります。内容をカードに書き取ったり、覚えたかどうかを確かめるために、互いに問題を出し合いながらやりました。

大学院受験レベルの内容を四日間でやろうとするのはかなりの荒行なのですが、そのチャレンジ自体にものすごく燃えた覚えがあります。

実は、受験勉強をしているときも、一日一〇時間くらい勉強していました。そんなことを考えると、一日一〇時間を越えて集中するというのが、一つの方法論でありスキルになっていたような気がします。


勉強が苦手で嫌いだからといって、一日二時間勉強しようと思っているうちは、好きになんてなれません。二時間やったらまた二時間やらなきゃと、その繰り返しです。

ですが、一〇時間を越えるとあるときから好きになる瞬間が来ます。

今教えている学生たちにも、苦手なことを好きになりたいなら一〇時間やってみろと言っていますが、本気で一〇時間やり続けた人は、必ず何らかの結果や成果を手にします。

大学に就職したばかりの頃、とにかく論文をたくさん書きたいと思い、ここでも一〇時間を目処にしていました。結局このときは一〇時間どころか一四時間くらいやっていましたが、一〇時間くらいはやればできる時間です。

武道では、反復練習を続けてワザを身につけるという「量質転化」の考え方があります。突きや蹴りの練習を、毎日二〇〇回ひたすら続けるということ。技になるのは二万回が目安です。これだけ量をこなしていると、ワザとして身につく、「技化《わざか》する」ということが起きます。

ポテンシャルを高めるためには、時間とエネルギーをかけること。集中して、時間とエネルギーをどれだけ注ぎこむか。**私の経験では、一日一〇時間以上続けたことは、どんなに苦手なことでも好きになるし、「技化」してできるようになります。**

一〇時間以上かけた経験は、確実に人を変える力があるのです。

前傾姿勢でがっついた方が認められる

仕事で期日を守ることを「納期を守る」という言い方をしますが、これはいい言葉だと思います。学生は納期とはいわず期限というのですが、納期という言葉には、何か社会人としての厳しさが含まれているように感じるのです。期限でも間違ってはいないけれど、納期の方がより厳密な印象で、納期を守らなかったら次の注文はないというような切実さがあります。

もちろん学生でも、卒業論文の提出が三〇分遅れただけでも卒業できないことがあり、提出期限の切実さはあります。ですが、たまに、遅れた理由を印刷機の故障でと言ってくる学生もいます。印刷機の故障は、起こりうるリスクとして決して確率の低いことではありません。

ならば、途中でも印刷して備えておくといったリスクヘッジが必要です。そうでなければ、本当に印刷機の故障なのか、単なるサボりなのか、判断がつきかねるからです。

現代のビジネス社会は、総じて進行するスピードが速くなっています。そのため、遅い人は弾かれてしまう。納期や約束は守るのが大前提で、その上さらにスピードが速くないとついていけない、クオリティはその次の段階の問題です。

納期よりも早く仕上げて行くことで、次のステージが用意されます。

私は以前、朝日新聞から原稿執筆を頼まれて、締め切りよりかなり早く出したことがありました。その結果、予定の掲載日より早く掲載してもらえました。するとその後すぐに、その記事に関連した本の執筆の話が決まりました。

タイミングを自分の方から早くしていくことで、情熱を見せ、ステップアップの速度を上げていくことができます。「仕事が速い」という信頼を得れば、次の仕事も来やすい。

例えば、三カ月後に出してくださいという依頼があったときに、三カ月後に出す人と一カ月後に出す人とでは、差の二カ月分によって全く別の未来が生まれます。

早く出せば、余った二カ月の間に、また別の仕事の依頼が来る可能性があります。

一つの仕事が次の仕事を作り出すことになるのです。

やる気を見せるためによくあるのは、質を高めようとすること。

もちろん悪いことではありませんが、今のビジネススピードを考えると、質を高めようとして遅くなるより、ある程度の完成度でも一回目は早く提出し、そこでダメ出しをもらって再度チャレンジする方が、結果的に高い評価を受けることになります。
ダメ出しを受けることを恐がらず、修正が効くくらいに早く出す方が、やる気のアピールとしては有効なのです。

つまり、何でも「前倒し」するということ。
自分の未来を濃くするために、やるべきことを前に倒していくということなのです。

私は、小学生にも、やることはできるだけ前倒しにするようにと教えています。
前に倒すというのは、姿勢で言うと前傾です。体が前に倒れていて、自分から食らいついて行く肉食系の力強さがあります。エネルギーに満ちていて、今の時代には最も必要とされていますし、最も他人と差別化できるポイントにもなるのです。

今の人たちは、明らかに肉食性が減少しています。学生でも、どうしても自分は学びたい、どうしてもこれについての指導が受けたいといった、食らいつく感じを好ましく思わないようです。ですが、彼らの上に立つ人たち、五〇、六〇代の人たちは、食らいついてくるような「プロジェクトX」的な昭和の感覚が好きなのです。

だから、ダメ出しの後の修正を厭わず、前倒しして仕事をすると、どんどん次の仕事が入ってきます。原理としては、シンプルです。

期限や納期を守れるだけでも、社会人としては十分かもしれません。そこに、「こんなに早くできたのか」と言われるくらいの肉食性があると、戦力として引き上げられるスピードも速まります。

できるだけ楽な方に流れたい、労力を省いて面倒をなくそうと考えていると、結果的に仕事に追いかけられることになります。自分が仕事を追いかけていく、一つ一つの仕事に常に全力を出し切るようにすれば、達成感や満足感をもって終えることができます。

エネルギーというのは、注いだら注いだだけ、自分のパワーになるのです。

一度認められたら、後は加速していくだけ。ポテンシャルを高めていって、チャンスを自分でつかみとっていくのです。

「チャンスの神様は前髪しかない」というように、**どんなにがっついているといわれても、前倒し感覚で前に回りこんで、チャンスの前髪をつかんだら引きずり回すくらいに突き進む。**なんとしても自分はこれがやりたいんだという真剣さや人間味を出したときに、道は開けてくると思うのです。

他者とのコミュニケーションや円滑な関係性はもちろん必要ですが、思いの熱さは行動と結果によって相手に伝えなくてはと思います。

覇気がある人は必ず成長する

今の若い人たち、特に学生たちを見て感じるのは、覇気が足りないということ。覇気のあるなしは、直感的に伝わってくるものなのです。覇気がないとは言わないですが、確実に足りない感じがします。

覇気のある人というのは、就職活動でも内定が出るのが早い傾向にあります。そう考えると、覇気はその人の外に発せられているものなのかもしれません。

覇気という言葉はもともと中国の言葉ですが、「制覇」「覇者」といったリアルな活力のイメージがあります。例えて言うと、天下を取るような勢いのこと。気合と言ってもいいでしょう。

どうしたら覇気が持てるかを考えてみると、子供の頃から大勢の人たちに囲まれて、身体をぶつけあって触れ合うようなコミュニケーションや競争が必要なのです。

昔はそういう育ち方をしたものですし、学校に行けば教室の壁に勉強や運動の結果が棒グラフにして貼り出されていました。

テストの点数はもちろん、朝走った距離、ハーモニカで吹けるようになった曲数、あらゆることの結果を棒グラフにして公開し、上に上に伸ばすことを求められました。

まさに「棒グラフ時代」です。当時は高度経済成長の真っ只中でしたので、輸出量が右肩上がり、GNPが右肩上がりと、数字やグラフにして可視化するのが当然でした。

そのため、競ってグラフを上に伸ばしていくことが日常で、当時の子供たちがすべて勉強熱心であったわけではありませんが、競い合う元気や覇気はあったような気がします。

同じように負けず嫌いというのもあります。

気質であり、ある意味で文化でもあると思うのですが、これも最近は衰退しつつあって「ほどほど感」が主流になりつつあります。

サッカーのジーコやバスケットのマイケル・ジョーダンは異常なほどの負けず嫌いで知られていて、遊びのゲームでも絶対に負けたくない、ジョーダンはゴルフでもかなりムキになるそうです。

負けず嫌いは精神力の尺度にもなっていて、それが専門領域での結果にもつながるのだと思います。

そのため、人の能力を伸ばそうと思ったとき、負けず嫌いではない人を伸ばすのは結構難しいのです。ほどほどでいいと思っているわけですから。

では、負けず嫌いという気質を養成するにはどうしたらいいか。やはりここには競争という概念が必要になってきます。競争に慣れてくると、常に結果と向き合うことになるので、自然に負けず嫌いが育つと同時に根性が育ちます。

今の人たちにとって、学力でも体力でも能力でも何か力を伸ばす場合は、まず負けず嫌いを養成することが必要かもしれません。

負けず嫌いが身に付けば、自分で力を伸ばしていく覇気を養うことができますし、強い心と確かな結果を手にすることができるはずです。

性的エネルギーを生命力に変えていく

恋愛経験の開きが大きくなっているというのが、最近の傾向です。

つまり、ものすごく少ないか、ものすごく多いか。両極に分かれているのです。

恋愛経験の少ない人、恋愛に積極的になれない人の理由としては、プライドが高い、恋愛はお金がかかる、面倒くさい、といったことが挙げられます。そんなささいな理由でと思うかもしれませんが、そもそも男性の本能の火が弱くなっているので、この程度の障害で恋愛を拒絶してしまうのです。

性的エネルギーの比重は、現代日本社会においてはかなり低くなっていると言わざるをえません。食と性というのは、どんな生物にも二大本能として備わっており、性的エネルギーと生きる力が渾然一体となって生命体を支えているのです。

食の面では、加工食品が増え栄養バランスが崩れてきたとか、噛む力が弱くなっているという問題が噴出し、性の面ではエネルギーが衰退してきたとなると、何千万年かけて作られてきた生物としての基本的な力があやうくなってきます。

これは、男女の恋愛問題ではなく、生物としての危機に匹敵します。

今の時代、性的エネルギーを高める必要があります。

よく性的機能を高める食品やサプリメントが売られていますが、それらをセックスに活用するというよりは、生きるエネルギーを補給するために摂取してもいいと思います。心のありようは、そういうところからも変わってくるからです。

特に大きな仕事をしている人には、心を痛めるような事件や悩ましい出来事が数多く起こります。受け止める側の体力やストレス耐性によって、その結末は大きく変わってきます。中には全く気にしない人もいて、こんな苛酷な状況でよく神経が持つなと思っていたのですが、総じてそういう人たちからは原始的なパワー、リビドーの強さを感じることが多いと気付きました。

性的ポテンシャルを高めておくことで、ピンチを切り抜ける力や受け止める寛容さが養えるのです。

以前の若い人たちは、生きるパワーに何の心配もいらない人たちが多かったのです。前に突き進む、単純なパワーです。しかし、今は違います。生きるパワーが心配な人の方が増えています。今にも消え入りそうな性的エネルギーの火を絶やさないように、薪をくべ続けなくてはいけない社会になってしまいました。

そのためには、リビドーにも通ずる、下半身を鍛えることです。

イチローもよくやっていることですが、四股を踏んで肩入れをすること。股関節を伸ばしつつ、手をつっかえ棒のようにして肩甲骨を内側に入れるのです。私もよくやりますが、股関節には多くの自律神経の束が通っているので、股関節を伸ばして鍛えると、足腰からパワーが沸いてきます。

足腰は、意識的に鍛える必要があります。ただ歩いているだけでは、下半身の筋力は強くなりません。足腰というのは、実は年齢に関係なく鍛えられる部分です。年齢が上がっても鍛えれば目に見えて向上するので、老いを感じないで済むのです。

今は、男性でも下半身が細い人が増えています。確かに、ジーンズをカッコ良くはきこなせてモテるかもしれませんが、原始的なエネルギーが弱まってしまい、ひいては国力の低下にもつながりかねません。下半身が強くなるということは、体を下支えする部分が強くなるということで、普段の生活がラクになります。黒柳徹子さんも、ジャイアント馬場さんに勧められたといって、毎日一〇〇回スクワットをしているそうです。

身体の衰えは心の落ち込みにもつながり、自信を失うことにもなります。性的エネルギーを維持する意味でも、足腰を鍛えることをおすすめします。

男性に必要な性的パワーと経済的パワー

女性誌のインタビューを受けたとき、今の女性たちは美の根源的エネルギーが強いと感じました。四〇代の人がセミヌードでグラビアに出ていて、「私はいつまでも性的に現役です」「女性としての限界は迎えません」というパワーが枯れないんですね。一種の野生すら伝わってきます。

アメリカでは、女性にも社会的なパワーを求めるところがあります。映画を見ていても、男性は女性に才能や学歴や収入などを求め、二人で強力になるという関係があります。

一方日本はそうではありません。女性の社会的能力に対する評価が低く、女性が東大を出たからといって、また地位が高いからといって、結婚しやすいという状況にはありません。むしろ、それが障害になるケースも多々あるようです。

それが、日本女性のリビドーに火をつけたのかもしれません。


しかし、そのリビドーが発揮される方向が変わってきました。

一九八〇年代の頃には、女性はどうやったら男性にモテるかを意識していました。ボディコン・ワンレンなどがまさにそうで、男性の目を楽しませるためのものであったし、男性の本能的欲求を刺激するものでした。

それが現在は、微妙なズレが起きています。

女性の美しさは、男性とは関係のないところに進んでいます。男性からどう見られるか、男性からキレイ・カワイイと言われるためではなく、女性同士で評価しあうため、自分自身の満足のためにシフトしてきているのです。

細くなりたいという願望も、男性から見ると必ずしも魅力的に映らないところまで突き進んでいってしまっている。本来リビドーは、異性に向かっていくエネルギーなのですが、異性とは別の方向に向かっているのです。

男性のリビドーが減少し、女性のリビドーが方向転換してしまったということは、男女の距離が離れてしまっているということであり、社会的に見ると寂しい限りです。

韓流ブームがおもしろかったと思うのは、女性たちが日本の男性に見切りをつけたということが、全世代で起こってしまったということ。若い女性だけではなく、大人の女性も、より大人の女性も、五月雨式にはまっていきました。

根本的な問題としては、女性が男性に備えていて欲しいと思う要素を、日本の男性が持ちがたくなっていることがあります。その代替を韓国の男性が果たしたのが、韓流ブームの根幹です。

ヨン様に代表されるような、優しさや純愛、その反面身体的・男性的なパワーも兼ね備えている。また、韓国の芸能人はよくトレーニングされた上で表舞台に出てくるので、日本のような素人同然の人はいません。

純愛・パワー・プロ意識の合わせワザで日本男性への不満を見事に解消し、全世代にわたって女性を虜にしたのです。

世界中で、一年間のセックス回数が最も少ないのは日本といわれています。日本の性的能力は最も低いということが、国際的に証明された形です。

日本女性は比較的控えめで大人しいからまだいいですが、諸外国なら女性の暴動が起こってもおかしくありません。今までずっと蓋をしてきたものが、韓流ブームであらわになったとも言えますので、これがさらに進むのは由々しき問題です。

政治経済の世界では、関税障壁が問題になっていますが、性的な開国がなされたときは大変なことになります。

今は、島国という立地障壁、経済的に優位であるという経済障壁、日本語という言語障壁の三つでかろうじて守られています。これが、経済が低迷して言語の壁がなくなるとしたら、日本女性の国際偏差値が高くなり、日本男性はますます女性を振り向かせることが困難になります。

男性は、性的パワーと経済的パワーの両方が必要です。そのどちらも持ち得ないとし

たら、生物として何が売りになるのか。日本男性の正念場が近づいています。

個人の限界をチームで超える

逆説的な言い方ではありますが、二〇一〇年から二〇一一年にかけての民主党政権の最も大きな功績は、国民の危機意識を顕在化させたことだと思います。

尖閣諸島問題や北方領土のロシアによる実効支配において、中国やロシアが日本に対して実質的な脅威を持つ国であることが明らかになり、「こんなにも日本は脆弱な国であったのか」という危機意識を皆が持つようになったのです。

一般的には外交の失敗として取り沙汰されますが、国民に現実を知らしめたという点では、これを活かさない手はないと思います。中国、ロシア、北朝鮮もそうですが、外交には軍事力だけでなく経済力も大きく影響します。経済的に衰えるということは、軍事的脅威にさらされることにもなるのです。

日本は経済を基本に支えてきた国です。経済復興に、本腰を入れるときがきたのです。

二〇〇五年くらいまでは、日本も日本人も、それほど危機意識はなかったように思います。それまで日本はどう外国に進出するかという攻めの姿勢でしたし、中国や韓国やロシアに飲み込まれることなんてないだろうと思っていた。

それが今では、中国から国土を買われる状況になっています。中国の富裕層は約八〇〇〇万人いるといわれていて、日本の人口と大差ないくらいです。中国の土地は国有なので、土地を買いようがない。そのお金が日本になだれ込んでくるのは必然です。国土も企業も、中国に買いまくられています。東京の中心地に、韓国が買っている土地もあります。

経済競争に負けている日本が、中国や韓国を非難するのは間違っています。GDPでも中国に追い抜かれたばかりですし、世界における日本のポジションは現実的に落ちてきているのです。

この危機感を、日本国民全体の問題として共有することが必要です。

尖閣・北方領土ショックとしてとらえるということ。政府の外交問題に矮小化せず、国民を含めた国力全体の衰えと認識することが、他国に比べて日本に欠けている視点なのです。

個人が個人として発するパワーには、限界があります。

中国は、国力増進に乗ずる形で個人のモチベーションが上がった状態で、これは日本の明治維新や戦後復興にも見られたことです。国家レベルの躍進は、常に国がリードし、そのうねりに個人が乗っていくことで達成されてきました。国粋主義やファシズムに陥らないよう、国が「扇動」ではなく「先導」することが必要なのです。

個人個人が、国家レベルの不安感や危機感をバネにし、活力にすることが求められています。現在の日本は、自転車操業です。こぎ続けなければ倒れてしまう。

週休二日制が当たり前になり、日本はずいぶんゆとりを享受してきてしまいました。

中高生の勉強時間の平均は、日本が八時間であるのに対し、中国は一四時間です。一日六時間の差は大きいです。年間で考えたらどれだけの開きになるでしょう。

日本人は働きバチで勤勉であるという国際的なアドバンテージは、もうありません。個人レベルの頑張りでは、国全体を引き上げることは困難です。国というチームで国際的な競争に挑むほかないのです。

この国をリードしようとするリーダーシップを、一人一人が持つときがきています。軍事的な戦争に突入する前に、経済的に食われてしまう危険性を孕むこの国を変えるのは、当事者意識とリーダーシップです。

今の時期だからこそ、すべきことは山ほどある

一五年くらい前に卒業した教え子が、一年に一度くらい電話をかけてきます。

「先生、次は県知事になって、ゆくゆくは総理大臣になりますよ！」と、酔っ払って電話をかけてくるのですが、かくいう彼は公立校の教師。それも今現在は、上司にたてついたおかげで、正真正銘の「島流し」に遭っているらしい。

「それで、今度法務大臣から表彰されることになったんですよ！　今度祝ってくださいね！」と呂律のまわらない口調で言います。

彼は、順調にまっすぐな道を歩んでいたはずなのに、ふとしたことで道から転げ落ちてしまった。いわば左遷の身です。状況はネガティブこの上ないはずなのに、なぜかネガティブに見えない。普通の教師、それも左遷されている教師が総理大臣になると公言するのは、ばかばかしいほどポジティブなエネルギーです。

冗談のようですが、本人は本気で狙っているのです。

彼はその瞬間から、人生を逆算し始めました。

総理大臣とはかけ離れたところにいる今の自分は、そこに辿りつくために何をすべきか。今、ここでできることは何か。そして彼は必死に研究論文を書いて投稿し続けたのです。表彰はその成果です。

ネガティブな状況ではあるけれど、くすぶっているわけにはいかない。目指すべき目標が明確になった彼は、時間がないことに気づきました。

離島では、本来時間はありあまるほどあります。ですが、彼には時間がない。彼は、左遷されてくすぶっている教師ではなく、県知事から総理大臣を狙う教師なのです。

今の時期だからこそすべきことが山ほどある、自分には時間がない、そう思ったときから人生は好転するのです。

追い詰められた状況にあるとしたら、その状況を逆手にとってエネルギーにしていく。ネガティブな思いとネガティブな状況だからこそ、突拍子もないポジティブなエネルギーに変換することができるのです。

スポーツ選手は、現役で活躍できる期間がそんなに長くはありません。野球やサッカーでも、三五歳くらいが平均的です。そう考えると、二五歳だとしてもあと一〇年しかない。時間の足りなさに気づき、一刻も早く駆けあがらなくてはというモチベーションが生まれやすいのです。

今やるべき課題が見えてくるとそこに集中できるので、他の事柄がスーッと消えて行きます。現状に対する迷いや不満がなくなります。

課題に取り組む時間の長短に個人差はあるにしても、努力は裏切りません。

例え結果が出なくても、ベストを尽くした充実感が得られるので、気持ちとしてはポジティブになり輝きが生まれます。そういう人の空気は外に波及していくので、人から魅力的に見られるようになるのです。

人の成長には、ベクトルという考え方が大事です。

ベクトルは、長さで力の量を表し、矢印の頂点で方向を示します。

どんなに低い位置にいたとしても、自分は上向きのベクトルであるとイメージすること。もちろん人間的な感情として、不満やねたみ、不公平感や不全感はあります。そういう感情を、「総理大臣になるんだ」というくらいの思いで乗り越え、上向きのベクトルとして生きて行くのです。

そういう人からは、エネルギーの「におい」が漂います。人間はにおいに敏感なので、必ず気づいてくれる人がいます。

追い詰められた状況こそ、ベクトルを上に伸ばすチャンスなのです。

あとがき

心に形を与える言葉

人間の気力を支えてくれるのは、身体・人間関係・言葉の三つだと思っています。身体が健康でエネルギーにあふれていること、人間関係が円滑でモチベーションが上がること、言葉で心を鼓舞することが大切です。

時には、身体の調子が優れなかったり、人間関係が不意に変化したりすることがあります。ですが、言葉の威力は一定で、なおかつ状況に応じて自在に変化させることができます。そう考えると、言葉が最も安定的に気力を支えるものとも言えます。

言葉は、心に形を与えてくれるものです。言い方や使い方によって大きなパワーを生みだすことができる、強い影響力があります。

私は無職で苦しんでいたとき、ゲーテの「人間は、努力する限り迷うものである」という言葉を座右の銘として持っていました。

完全に人生の選択を間違えた、でもどうすればいいのかわからない、迷いの沼にはまりこんでいた私は、この言葉で救われた思いがしました。努力しているからこそ持つ迷いなのだ、今は迷いの時期ではなく努力の時期なのだととらえることで、乗り越えることができました。

まさに言葉の力です。

本書の項目タイトルは、あえて標語形式にしてみました。標語というのは覚えやすく唱えやすいので、自分自身にかける言葉として日常的に活用できます。「自信があるといろいろうまくいく」というよりも「自信先行で現実を作る」といった方が心にダイレクトに訴えかけてくる感じがします。

現状から一歩踏み出す、負のスパイラルを反転させるために、今の自分にヒットする言葉を見つけるヒントになればと思います。

最初は、借り物の言葉でいいのです。

いくつか見つかったら、それだけ自分を支えるツールが増えますし、手帳に書いたりしていつでも目に入るようにしておくと良いでしょう。

そしてその時々の心や状況によって、言葉をアレンジしていくこともできます。

私は、先のゲーテの言葉を「努力をすれば迷いはなくなる」と変えて、新たな標語として刻み込んでいきました。

言葉は、心で思ったり人に言ったり紙に書いたりを繰り返すことで、より自分の中に浸透します。言葉によって心を強くすることができます。

今の時代を生き抜くことはさまざまなエネルギーを必要とします。

本書からのヒントで皆さんが、この時代を生きる力、生き抜く力がつくことを切に願っています。

齋藤孝

強い自分をつくる逆転の発想法

著　者　齋藤　孝
発行者　真船美保子
発行所　KK ロングセラーズ
東京都新宿区高田馬場 2-1-2　〒 169-0075
電話（03）3204-5161(代)　振替 00120-7-145737
http://www.kklong.co.jp
印　刷　太陽印刷工業(株)
製　本　(株)難波製本

落丁・乱丁はお取り替えいたします。
ISBN978-4-8454-0964-8　C0230
Printed In Japan 2015